KB232907

도키메키 일본어

박순애 · 강선봉 · 김한숙 · 문미경 · 가다레이꼬

공저

제이앤씨
Publishing Company

유창한 일본어 구사를 희망하는 학습자를 위하여

　이 책은 일본어 마스터의 지름길을 제시하고 있습니다. 항상 처음처럼 열정을 가지고 학습에 임할 수 있도록 학습 진도를 이끌어주는 구성으로 집필된 교재입니다. 한국인의 일본어 학습의 단점을 보완하기 위한 자세한 설명과 세심한 구성으로 이루어져 있습니다. 일본어 학습교재가 범람하고 있지만 어느 교재보다도 충실하고 탄탄하게 구성하였습니다. 교재를 집필하고 이미 교육현장에서 2년간의 테스트과정을 거쳐 내용의 단점을 최대한 완벽하게 보완하였습니다.

　일본어는 한국어와 가장 흡사한 언어임에는 틀림없지만 역시 외국어이기 때문에 한국어와 많은 차이가 있습니다. 이 책은 일본어의 기초단계에서부터 중급이전의 과정까지를 보다 쉽고 체계적으로 접근하기 위하여 포인트 문형"을 통해서 기본 일본어 문형을 체계적으로 정리하였으며, 한국어와 흡사하여 틀리기 쉽고, 착각하기 쉬운 어휘와 구문을 콕 집어 설명하였습니다. 게임과 상황설정을 통해서 실생활에서 활용할 수 있는 기초회화를 회화연습1, 2편"에 두어 학습자가 좀 더 재미있게 수업에 참여할 수 있도록 하였습니다. 또한, 단어에 악센트를 표시하여 보다 자연스러운 일본어 발음을 익힐 수 있도록 하였으며, 실력체크"의 듣기 테스트는 청해 능력 향상에 도움을 줄 것입니다. 이 책은 일본어를 처음 접하는 학습자들을 대상으로 집필하였지만 재학습이나 스텝 업을 꾀하는 학습자에게도 많은 실력향상을 가져다 줄 것입니다.

　집필자 선생님들은 일본어전공, 일본문학전공, 일본어 교육학전공, 일본학전공, 일본에서 국문학을 전공한 일본인 모두 5명으로 일본유학은 물론, 일본어 동시통역, 일본어 번역에 대한 경력을 겸비하고 있으며 10년-15년 이상 대학에서 일본어 교육에 종사해 온 교육현장 경력을 가진 전공자들로 구성되어 있습니다.

　이 교재를 통하여 일본어와 일본문화를 습득하는 데 많은 도움이 되길 바라며 어려운 상황 속에서도 출판해 주신 도서출판 제이엔씨에 심심한 감사를 드립니다.

2009년 2월
박순애 강선보 김한숙 문미경 가다레이꼬

🤸 교재의 특징과 활용

실용 일본어 중심 일본어를 습득하는데 교재와 현장언어의 괴리로 많은 지장을 초래하고 있는 것을 흔히 볼 수 있었습니다. 본 교재는 실질적이고 살아있는 현장일본어 중심으로 실용적인 어휘로 구성하였습니다.

스토리텔링기법 도입 두 사람이 대화하는 회화체로 이루어져 있어 문장을 그대로 사용할 수 있는 것은 물론 첫 단원부터 마지막 단원까지 스토리에 의하여 진도를 이끌어 가는 형식으로 학습자의 흥미를 불러일으키는 구성입니다.

연상기법 도입 각 단원마다 내용에 일치하는 삽화를 넣어 문장을 익히고 사용하는 과정에서 내용이 연상되는 연상기법을 활용하여 현장에서 자연스럽게 어휘가 튀어나올 수 있도록 비주얼매체학습의 극대화를 꾀했습니다.

미디어믹스기법 도입 외국어는 어휘습득이 원활하게 이루어져야 세련되고 자유로운 커뮤니케이션이 가능합니다. 영상매체의 활용으로 풍요로운 어휘습득을 위한 세심한 배려를 기울였습니다. 회화연습1과 회화연습2를 통하여 많은 어휘사용연습을 가능하게 했습니다.

악센트 표기 모든 언어의 소통은 올바른 악센트의 사용에 의하여 이루어진다고 해도 과언이 아닙니다. 각 어휘에는 단어 하나하나에 악센트의 강약을 표기하여 한국인에게 가장 어려운 일본식 인터네이션이 가능하도록 한 점이 본교재의 최고의 강점입니다.

한자 쓰기와 가타카나 학습 일본어는 한자에서 파생된 언어이기 때문에 한자의 습득이 중요합니다. 한자의 음과 훈을 학습하지 않으면 일본어 실력이 향상되지 않습니다. 또한 일본어에는 외래어가 많아 가타카나 학습이 필수입니다. 따라서 처음부터 한자와 가타카나 연습을 일상화하기 위하여 각 단원별로 주요한 단어 쓰기를 구성하였습니다.

CD의 활용 교재에 첨부되어 있는 CD는 각 단원을 학습할 때마다 사용하시고 학습의 상승효과를 가져오게 하기 위하여 아침저녁으로 청취하고 CD를 그대로 흉내 내어 따라하시기 바랍니다. 또한 CD없이도 혼자서 큰소리로 읽기 연습을 계속하십시오. 근소리를 내서 읽는 것은 듣고 말하기 연습을 배가시킬 수 있습니다.

목차

도키메키 일본어

일본어의 표기 수단으로서는 平仮名와 片仮名, 그리고 漢字와 ローマ字 등이 있다.

1: 히라가나(平仮名)

平仮名의 「ひら(平)」는 「간편한」이라는 의미이고, 万葉仮名가 초서화 되어 만들어진 음절을 단위로 하는 표음문자이다. 平安(794-1192)초기에 여성들의 손에 의해서 발달된 문자이기 때문에 「女手」라고 불리어졌고, 平安시대의 여성문학이 발달하는 계기가 되었다. 平仮名가 현재의 것으로 통일된 것은 明治시대인 1900년경의 일이다.

2: 가타카나(片仮名)

片仮名의 「かた(片)」는 「불안전하다」라는 의미이고 奈良(710-1191)시대 말기에서 平安시대 초기(8～9세기), 승려가 불전을 연구할 때에 한문을 읽기 위한 訓点을 본문에 넣는데, 자획이 많은 万葉仮名로는 불편했기 때문에 간략화해서 쓰게 된 것이 그 기원이라고 전해지고 있다. 특히, 남성들의 손에 의해서 발달된 문자이기 때문에 「男手」라 불리어 졌으며, 현재는 외래어·의성어·의태어·강조문·전보문 등에 사용된다.

3: 한자(漢字)

한자는 백제시대에 왕인(王仁)박사에 의해서 일본에 전래된 것이 그 최초로 알려져 있다. 文部省에서는 1971년부터 초등학교에서 배워야하는 1006자를 敎育한자로 지정하고, 중·고등학교에서 배우는 939자를 합하여 常用한자로 제정하여 가르치고 있다. 한자에는 旧字体와 新字体가 있으나 일본은 新字体를 사용하고 있으며 일본인들의 필요에 의해서 만들어진 国字도 함께 사용되고 있다.

4: 로마자(ローマ字)

주로 지명 또는 인명 등의 표기에 쓰이며, 신문이나 잡지 등에서 약자로 사용된다. 室町(1336-1573)시대에 Portugal 선교사에 의해 최초로 전해졌으며, 현재 사용되는 표기방식으로는 헤본식, 日本식, 訓令식 등의 표기 방법이 있다.

1: 히라가나(平仮名)

安	加	左	太	奈	波	末	也	良	和
あ	か	さ	た	な	は	ま	や	ら	わ
a	ka	sa	ta	na	ha	ma	ya	ra	wa
以	幾	之	知	仁	比	美		利	
い	き	し	ち	に	ひ	み		り	
i	ki	shi	chi	ni	hi	mi		ri	
宇	久	寸	川	奴	不	武	由	留	
う	く	す	つ	ぬ	ふ	む	ゆ	る	
u	ku	su	tsu	nu	hu	mu	yu	ru	
衣	計	世	天	祢	部	女		礼	
え	け	せ	て	ね	へ	め		れ	
e	ke	se	te	ne	he	me		re	
於	己	曽	止	乃	保	毛	与	呂	遠	无
お	こ	そ	と	の	ほ	も	よ	ろ	を	ん
o	ko	so	to	no	ho	mo	yo	ro	wo	N

2: 가타카나(片仮名)

阿	加	散	多	奈	八	末	也	良	和
ア	カ	サ	タ	ナ	ハ	マ	ヤ	ラ	ワ
a	ka	sa	ta	na	ha	ma	ya	ra	wa
伊	幾	之	千	二	比	三		利	
イ	キ	シ	チ	ニ	ヒ	ミ		リ	
i	ki	shi	chi	ni	hi	mi		ri	
宇	久	須	州	奴	不	牟	由	流	
ウ	ク	ス	ツ	ヌ	フ	ム	ユ	ル	
u	ku	su	tsu	nu	hu	mu	yu	ru	
江	介	世	天	祢	部	女		礼	
エ	ケ	セ	テ	ネ	ヘ	メ		レ	
e	ke	se	te	ne	he	me		re	
於	己	曾	止	乃	保	毛	与	呂	乎	レン
オ	コ	ソ	ト	ノ	ホ	モ	ヨ	ロ	ヲ	ン
o	ko	so	to	no	ho	mo	yo	ro	wo	N

平仮名 발음

1: 청음(清音)●●

탁음과 반탁음을 제외한 맑게 발음되는 소리를 말하다.

あ行

우리말의 「아·이·우·에·오」와 비슷한 발음을 한다. 단, 「う」의 발음은 평순 모음으로 입술을 앞으로 내밀지 않은 상태에서 「우」와 「으」의 중간음으로 발음하고, 「い」의 발음은 이가 보이도록 입을 벌려서 발음한다.

あるく(歩く)걷다	いく(行く)가다	うたう(歌う)노래하다	えらぶ(選ぶ) 고르다
おす(押す) 밀다	イヤホーン(earphone) 이어폰	エアメール(airmail) 항공우편	オートバイ(autobicycle 의 준말)오토바이

か行

어두에서는「ㄱ」과「ㅋ」의 중간음으로 발음하고 그 외는「ㄲ」에 가까운 발음을 한다.

さ行

우리말의「사·시·스·세·소」와 거의 같은 발음을 한다. 단,「し」는「시」보다 약간 된소리로 발음한다.

さく(咲く) 피다	しかる(叱る) 야단치다	すわる(座る) 앉다	せんたくする (洗濯する)세탁하다
そうじする(掃除する) 청소하다	サッカー(soccer) 축구	セーター(sweater) 스웨터	ソファー(sofa) 소파

た行

た	ち	つ	て	と
タ	チ	ツ	テ	ト
ta	chi	tsu	te	to

어두에 「た・て・と」가 올 경우는 「ㄷ」과 「ㅌ」의 중간 음으로 발음하고 그 외는 「ㄸ」에 가까운 발음을 한다. 어두에 오는 「ち」는 「지」와 「치」의 중간 음으로 발음하고 그 외는 「찌」에 가까운 발음을 한다. 「つ」는 혀끝을 윗잇몸에 가볍게 터치하면서 「츠」보다 약하게 발음한다.

たべる(食べる) 먹다	ちる(散る) 떨어지다	つく(着く) 도착하다	てつだう(手伝う) 돕다

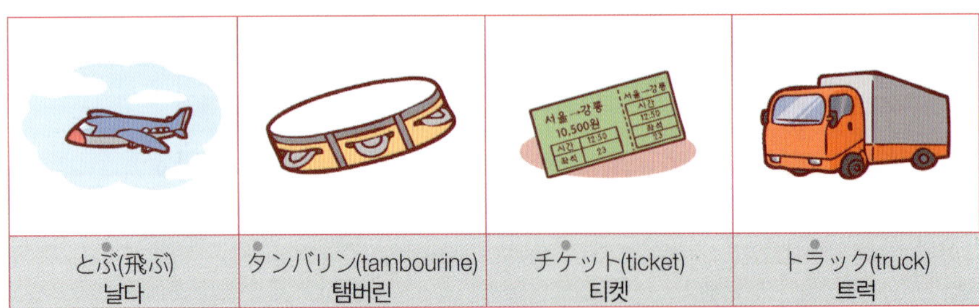

| とぶ(飛ぶ)
날다 | タンバリン(tambourine)
탬버린 | チケット(ticket)
티켓 | トラック(truck)
트럭 |

な行

な	に	ぬ	ね	の
ナ	ニ	ヌ	ネ	ノ
na	ni	nu	ne	no

우리말의 「나·니·누·네·노」와 거의 같은 발음을 하면 된다.

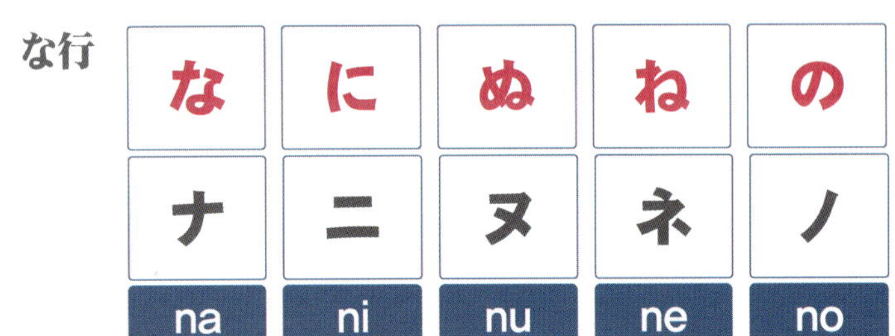

| なく(泣く)
울다 | にげる(逃げる)
도망가다 | ぬすむ(盗む)
훔치다 | ねる(寝る)
자다 |
| のむ(飲む)
마시다 | ナンバー(number)
넘버 | ヌードル(noodle)
누들 | ネクタイ(necktie)
넥타이 |

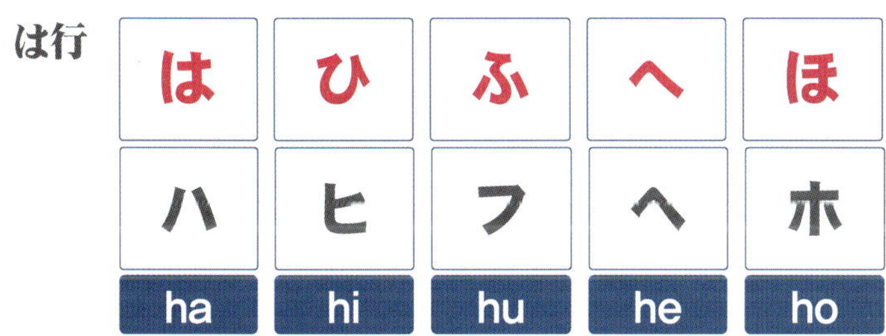

は行 は ひ ふ へ ほ / ハ ヒ フ ヘ ホ / ha hi hu he ho

「は・ひ・へ・ほ」는 우리말의 「하・히・헤・호」와 거의 같은 발음이지만 「ふ」의 발음은 예외로 위아래의 입술을 가깝게 접근시켜 내는 발음이다.

はく(履く) 신다	ひく(引く) 끌다	ふく(吹く) 불다	へる(減る) 줄다
ほめる(誉める) 칭찬하다	ハードル(hurdle) 허들	フライパン(frying pan) 후라이팬	ヘリコプター (helicopter)헬리콥터

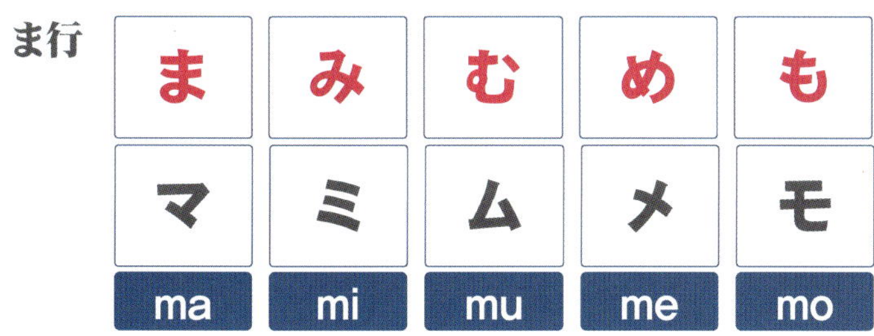

ま行 ま み む め も / マ ミ ム メ モ / ma mi mu me mo

우리말의 「마・미・무・메・모」처럼 입술의 마찰만으로 내는 발음이다.

まつ(待つ) 기다리다	みる(見る) 보다	むかえる(迎える) 맞이하다	めだつ(目立つ) 눈에 띄다
もつ(持つ) 들다	マフラー(muffler) 마후라	ミシン(sewing machine의 조어)미싱	メガホン(megaphone) 메가폰

や行

や ヤ		ゆ ユ		よ ヨ
ya		yu		yo

　우리말의 「야·유·요」처럼 발음하나 주의할 점은 이중모음이 아닌 단모음이라는 것에 주의하며 발음한다.

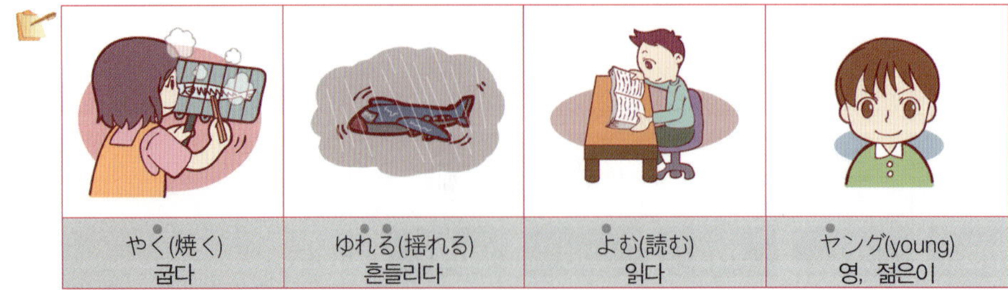

やく(焼く) 굽다	ゆれる(揺れる) 흔들리다	よむ(読む) 읽다	ヤング(young) 영, 젊은이

ユーターン U턴	ヨーグルト(yogurt) 요구르트

ら行

ら	り	る	れ	ろ
ラ	リ	ル	レ	ロ
ra	ri	ru	re	ro

영어의 「r」음으로 우리말의 「라·리·루·레·로」와 같은 발음을 하면 된다.

らくがきする (落書きする)낙서하다	りかいする(理解する) 이해하다	るすにする(留守にする) 비우다, 외출하다	れんしゅうする (練習する)연습하다
ろうどうする (労働する)노동하다	ラグビー(rugby)럭비	リサイタル(recital) 리사이틀	ロボット(robot) 로봇

わ行

わ				**を**
ワ				**ヲ**
wa				wo

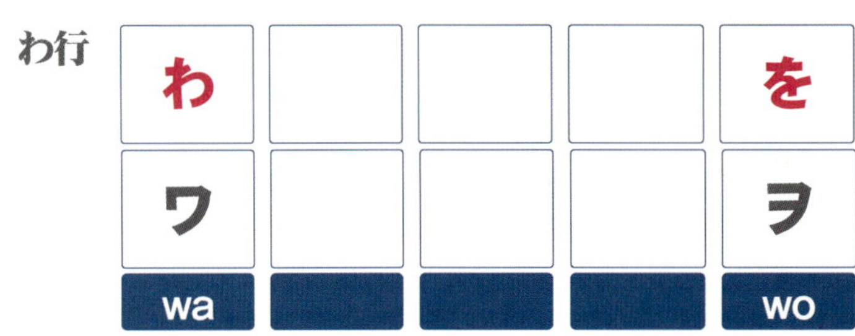

「わ」는 우리말의 「와」와 같은 발음을 하고 「を」는 모음의 「お」와 같은 발음을 하지만 조사로서만 사용된다.

わらう(笑う)
웃다

くるまを(車を)
차를

ワイパー(wiper)
와이퍼

2: 탁음(濁音)

「か、さ、た、は」행에 「ﾞ」의 부호를 붙여서 표기하며 유성음으로 성대를 진동시켜서 내는 발음이다.

が行

が	**ぎ**	**ぐ**	**げ**	**ご**
ガ	**ギ**	**グ**	**ゲ**	**ゴ**
ga	gi	gu	ge	go

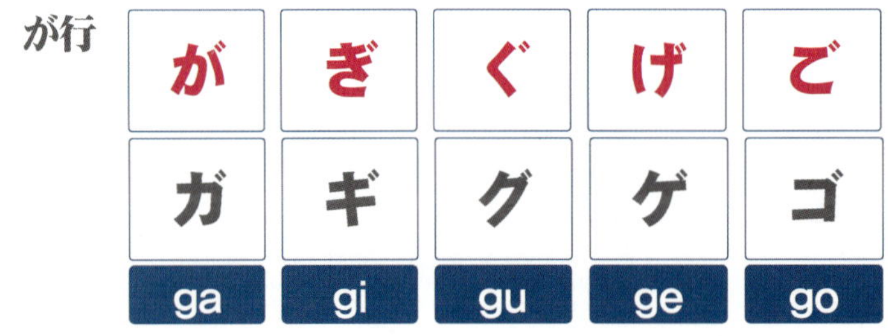

우리말의 「가·기·구·게·고」와 비슷한 발음을 한다. 일반적으로 어두에서는 「g」로 발음되지만 어중이나 어미에서는 「ŋ」으로 발음된다. 그러나 최근에는 비음으로 발음하지 않는

일본인도 증가하고 있다.

 がくせい(学生)학생　ぎし(技師)기사　ぐうぜん(偶然)우연　げきれい(激励)격려　ごはん(ご飯)밥
ガイド(guide)가이드　ギター(guitar) 기타　グラス(glass)유리컵　ゲスト(guest)손님　ゴール(goal)골

ざ行

「ざ・ず・ぜ・ぞ」는 윗잇몸의 혀끝을 가볍게 터치하면서 발음한다.

 ざせき(座席)좌석　じりつ(自立)자립　ずかん(図鑑)도감　ぜいきん(税金)세금　ぞう(象)코끼리
ザイール(Zaire)자이르　ジストマ(distoma)디스토마　ズロース(drawers)여성용 속바지　ゼロ(zero)제로
ゾロゾロ　줄줄, 질질

だ行

「だ・で・ど」는 입천장 앞쪽을 혀끝으로 가볍게 터치하며 우리말의 「다・데・도」에 가깝게
발음한다. 「ぢ・づ」는 특수한 경우를 제외하고 「じ・ず」와 동일하게 발음한다.

だちん(駄賃)심부름 값　ちぢむ(縮む)줄어들다　つづく(続く)계속되다　でまえ(出前)배달　どうりょう(同僚)동료
ダイニング(dining)부엌　デパート(depart)백화점　ドラマ(drama)드라마

ば行 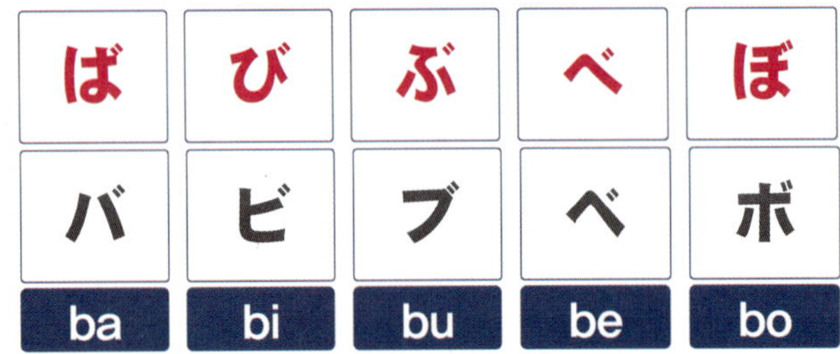

　양 입술을 마찰시켜 내는 발음으로 우리말의 「바・비・부・베・보」의 음에 가까운 발음을 한다.

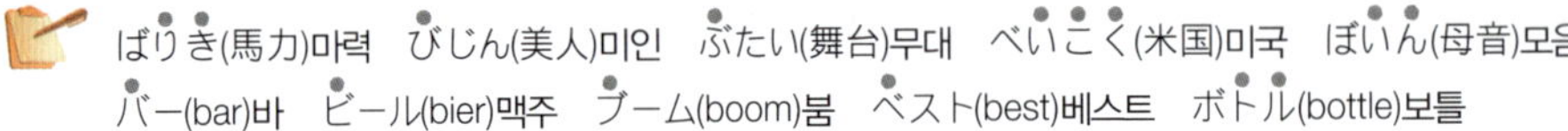

ばりき(馬力)마력　びじん(美人)미인　ぶたい(舞台)무대　べいこく(米国)미국　ぼいん(母音)모음
バー(bar)바　ビール(bier)맥주　ブーム(boom)붐　ベスト(best)베스트　ボトル(bottle)보틀

3: 반탁음(半濁音)

　は행에 「。」의 부호를 붙여서 표기하며, 발음은 영어의 「P」음과 우리말의 「ㅍ」의 중간 음으로 발음한다.

ぱ行 

ぱらぱら 드문드문　ぴかぴか 반짝반짝　ぷりぷり 통통한　ぺろり 날름　ぽかぽか 따끈따끈
パート(part)파트　ピアノ(piano)피아노　プレス(press)프레스　ページ(page)페이지　ポスト(post)포스트

4: 요음(拗音)

　각 자음의 「い」단에 반모음 「や、ゆ、よ」를 오른쪽 하단에 작게 써서 표기하며 전체로서 1 음절의 길이로 발음한다.

きゃ	きゅ	きょ	ぎゃ	ぎゅ	ぎょ
キャ	キュ	キョ	ギャ	ギュ	ギョ
kya	kyu	kyo	gya	gyu	gyo

きゃく(客)손님　きゅうり(胡瓜)오이　きょり(距離)거리　あんぎゃ(行脚)행각　ぎゅうにゅう(牛乳)우유
ぎょうし(凝視)응시　キャベツ(cabbage)양배추

しゃ	しゅ	しょ	じゃ	じゅ	じょ
シャ	シュ	ショ	ジャ	ジュ	ジョ
sya	syu	syo	zya	zyu	zyo

きしゃ(記者)기자　かしゅ(歌手)가수　じゅうしょ(住所)주소　だいじゃ(大蛇)큰 뱀　きょうじゅ(教授)교수
きんじょ(近所)근처　ジャズ(jazz)재즈　ジュース(juice)주스

ちゃ	ちゅ	ちょ
チャ	チュ	チョ
cha	chu	cho

ちゃわん(茶碗)찻잔　ちゅうせい(中世)중세　ちょうし(調子)상태　チャーム(charm)매력　チューター (tutor)가정교사

にゃ	にゅ	にょ
ニャ	ニュ	ニョ
nya	nyu	nyo

ろうにゃく(老若)노약　にゅうさん(乳酸)유산　にょにん(女人)여인　ニュース(news)뉴스

ひゃ	ひゅ	ひょ	びゃ	びゅ	びょ
ヒャ	ヒュ	ヒョ	ビャ	ビュ	ビョ
hya	hyu	hyo	bya	byu	byo

ひゃく(百)백　ひゅうが(日向)지명　ひょうざん(氷山)빙산　さんびゃく(三百삼백)　ごびゅう(誤謬)오류
びょういん(病院)병원　ヒューマン(human)휴먼　ビューティー(beauty)뷰티

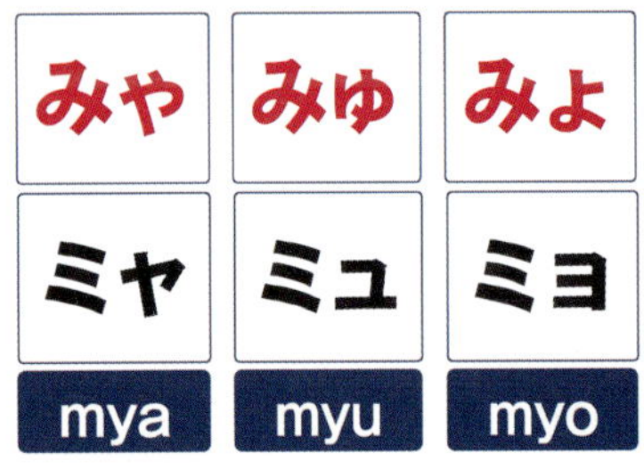

みゃ	みゅ	みょ
ミャ	ミュ	ミョ
mya	myu	myo

みゃく(脈)맥　じゅみょう(寿命)수명　みょうじ(苗字)성　ミュージカル(musical)뮤지컬

りゃ	りゅ	りょ
リャ	リュ	リョ
rya	ryu	ryo

りゃくず(略図)약도　りゅうつう(流通)유통　りょうり(料理)요리　リャン(兩)둘

ぴゃ	ぴゅ	ぴょ
ピャ	ピュ	ピョ
pya	pyu	pyo

ろっぴゃく(六百)육백　ぴゅうぴゅう 윙윙　ぴょこぴょこ 깡충깡충　ピューマ(puma)퓨마

일본어에는 「かな」로 표현되는 발음 이외에 세 가지의 특수한 발음이 있다.

1: 발음(撥音)

발음은 우리말의 받침과 달리 1음절의 길이로 발음하며, 「ん」뒤에 오는 유에 따라 【m、n、 ŋ 、 N】으로 발음된다.

❶ 「ん」뒤에 「ま、ば、ぱ」행이 올 때는 「m」으로 발음한다.

けんぶつ(見物) 구경	かんばん(看板) 간판	せんぱい(先輩) 선배	さんま(秋刀魚) 꽁치
さんぽ(散歩) 산책	かんぱい(乾杯) 건배	しんぱい(心配) 걱정	まんま(飯) 밥

❷ 「ん」뒤에 「さ、ざ、た、だ、な、ら」행이 올 때는 「n」으로 발음한다.

せんせい(先生) 선생님	ぎんざ(銀座) 긴쟈	はんたい(反対) 반대	けんり(権利) 권리
おんな(女) 여자	もんだい(問題) 문제		

❸ 「ん」뒤에 「か、が」행이 올 때는 「ŋ」으로 발음한다.

(예)

かんこく(韓国) 한국	ぶんがく(文学) 문학	ひんかく(品格) 품격	さんかん(参観) 참관
おんがく(音楽) 음악	しんこく(申告) 신고	かんがい(感慨) 감개	はんがく(半額) 반액

❹ 「N」으로 발음할 때

어말에 올 경우와 모음, 반모음 앞에서는 「n」과 「ŋ」의 중간음으로 발음한다.

(예)

たくさん(沢山) 많음	れんあい(恋愛) 연애	こんやく(婚約) 약혼	でんわ(電話) 전화
おくさん(奥さん) 부인	さんや(山野) 산야	やかん(薬缶) 주전자	かんわ(緩和) 완화

2: 촉음(促音)

촉음은 「か、さ、た、ぱ」행 앞에 오며 하나의 음절을 갖는다. 「つ」를 작게 써서 표기하고 촉음 뒤에 오는 음에 따라 「k, s, t, p」로 발음된다.

❶ 「か」행 앞에서는 「k (ㄱ,ㅋ)」발음으로 한다.

| よっか(四日)
4일 | がっこう(学校)
학교 | おっくう(億劫)
귀찮음 | はっこう(発行)
발행 |

❷ 「さ」행 앞에서는 「s (ㅅ)」발음으로 한다.

| ざっそう(雑草)
잡초 | はっそう(発想)
발상 | ほっさ(発作)
발작 | きっすい(生粋)
순수 |

❸ 「た」행 앞에서는 「t (ㄷ, ㅌ)」발음으로 한다.

| ちょっと
잠깐 | おっと(夫)
남편 | きっと
꼭 | ちっとも
조금도 |

| そっち
그쪽 | とって(取っ手)
손잡이 |

❹ 「ぱ」행 앞에서는 「p(ㅂ, ㅍ)」발음으로 한다.

예
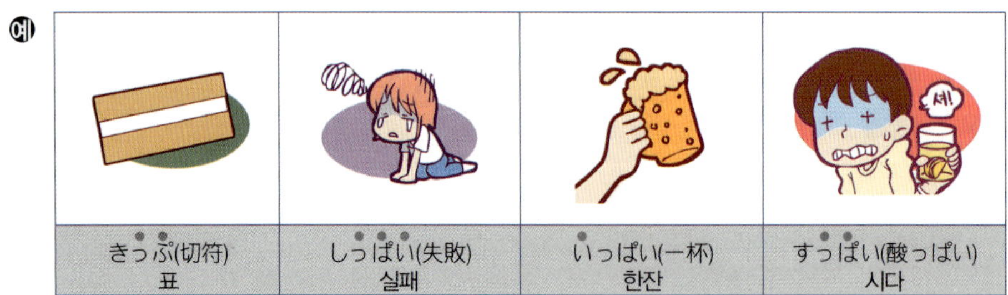

きっぷ(切符)	しっぱい(失敗)	いっぱい(一杯)	すっぱい(酸っぱい)
표	실패	한잔	시다

3: 장음(長音)

장음은 발음·촉음과 마찬가지로 1음절의 길이를 가지며 각단 뒤에 「あ、い、う、え、お」를 덧붙여 표기한다.

❶ 「あ」단음 + あ

예

おばあさん(お祖母さん) 할머니	おかあさん(お母さん) 어머니	さあ 글쎄	わあ 와

❷ 「い」단음 + い

예

おじいさん(お祖父さん) 할아버지	おにいさん(お兄さん) 형·오빠	ちいき(地域) 지역	ひいき(贔屓) 편애

❸ 「う」단음 + う

예 

くうき(空気) 공기	ゆうき(勇気) 용기	きゅうり(胡瓜) 오이	つうち(通知) 통지	ふうせん(風船) 풍선

❹ 「え」단음 + え、い

예 

おねえさん(お姉さん) 언니·누나	せんせい(先生) 선생님	せいめい(生命) 생명	こうけい(光景) 광경

❺ 「お」단음 + お、う

예 

おとうさん(お父さん) 아버지	いもうと(妹) 여동생	こおり(氷) 얼음	おうじ(王子) 왕자	そうじ(掃除) 청소

　일본어의 악센트는 강약이 아닌 고저 악센트이며, 한 단어 안에서의 첫 음절과 둘째 음절은 반드시 악센트 위치가 바뀐다. 또한, 한 단어 안에서 악센트가 한번 내려가면 다시 올라가지 못하는 것이 특징이다.

악센트의 구분

평판형 → 첫 음절이 낮으며, 둘째 음절부터 마지막 음절까지 높은 형태.

　　예) ○●●　○●●●

　　　ぼうし(모자)　けいたい(휴대폰)

두고형 → 첫 음절이 높고, 둘째 음절부터 마지막 음절까지 낮은 형태.

　　예) ●○○　●○○○

　　　カメラ(카메라)　もしもし(여보세요)

중고형 → 첫 음절이 낮으며, 둘째 음절부터 높아져 어느 음절에선가 낮아지는 형태.

　　예) ○●○○　○●●○

　　　しつれい(실례)　たべもの(음식)

미고형 → 한 단어 안에서의 악센트는 같으나, 그 뒤에 오는 조사에 의해서 악센트가 낮아지는 형태.

　　예) ○●　○●

　　　はな(꽃)　はし(다리)

はじめまして

1: ～は～です　～은/는 ～입니다.

2: ～は ～(직업)ですか　～은/는 ～입니까?

3: ～の ～(소유/동격)です　～의 ～입니다.

4: ～は～の ～(소속)ですか　～은/는 ～의 ～입니까?

金　　：はじめまして。

　　　　金です。

吉田　：はじめまして。

　　　　吉田です。

金　　：どうぞよろしく。

吉田　：こちらこそよろしく。

単語 1

はじめまして　처음 뵙겠습니다	キム(金)　김(사람 성씨)
よしだ(吉田)　요시다(사람 성씨)	~です　입니다
どうぞ よろしく　잘 부탁합니다	こちらこそ　저야말로

金　　： 吉田さんは何年生ですか。

吉田　： 3年生です。

　　　　 金さんは何年生ですか。

金　　： 私は新入生です。

単語 2

~さん	씨(이름 뒤에)	~は	는(은)
なんねんせい(何年生)	몇 학년	~か	까
さんねんせい(三年生)	3학년	わたし(私)	나, 저
しんにゅうせい(新入生)	신입생		

吉田　：　専攻は何ですか。

金　　：　日本語です。

　　　　　吉田さんの専攻は何ですか。

吉田　：　コンピュータです。

単語 ③

せんこう(専攻)　전공	なん(何)　무엇
にほんご(日本語)　일본어	～の　～의(조사)
コンピュータ　컴퓨터	

1:1

はじめまして。

「처음 뵙겠습니다」로 해석하며, 처음 만난 자리에서 가장 일반적으로 사용하는 인사말이다.

金です。

단정의 조동사 「だ(이다)」의 정중체이다.

예 私は姜 恵美です。(저는 강 혜미입니다)

吉田です。

「よしだ」라고 읽으며 사람의 성이다. 일본도 우리나라처럼 앞에 오는 것이 성이고 뒤에 오는 것이 이름이다.

예 小泉純一郎 →小泉(성), 純一郎(이름)　小山利彦 →小山(성), 利彦(이름)

どうぞよろしく。

❶ 상대방에게 무언가를 요구할 때나, 권유, 허락 등의 의미로 폭넓게 사용되는 말로서 영어의 「please」와 같다.

❷ 이 문장에서는 「お願いします」가 생략된 형태이다. 친한 사이는 「よろしく」만으로도 「잘 부탁 합니다」라는 표현이 된다.

こちらこそよろしく。

❶ 방향을 나타내는 지시대명사이지만, 이 문장에서는 「わたし」의 겸양어로 쓰였다.

❷ 명사 뒤에 접속되어 강조의 역할을 하는 조사이다.

1:2

吉田さんは何年生ですか。

❶ 남녀 관계없이 사람의 성이나 이름 뒤에 접속되면 정중한 호칭이 된다. 동물이나 가게 이름

등도 의인화하여 사용되기도 하며, 「ちゃん→さん→さま」순으로 그 정중한 정도가 높아진다.

❷ 「은, 는」의 뜻을 가진 조사로 반드시 「わ」로 발음해야 한다.

❸ 의문사인 「なに」에 학년을 나타내는 「ねんせい」가 접속된 형태이다. 이때 발음은 「なん」
이 된다.

私は新入生です。

1인칭 「나」를 나타내는 대명사이다. 남녀 구분 없이 사용하며 보통체는 「わたし」이고 정중
체는 「わたくし」이다.

1 : 3

日本語です。

국명에 「ご」가 접속되면 그 나라의 말이 되고, 「じん」이 접속되면 그 나라 사람이 된다.

국 명	사 람	말	국 명	사 람	말
かんこく 韓国	かんこくじん 韓国人	かんこくご 韓国語	にほん 日本	にほんじん 日本人	にほんご 日本語
ちゅうごく 中国	ちゅうごくじん 中国人	ちゅうごくご 中国語	アメリカ	アメリカじん アメリカ人	えいご 英語

コンピュータです。

「computer」의 カタカナ(카타카나)표기로 「ー」은 장음 부호이다. 보통 「コンピューター」로
표기하지만, 공학 분야에서는 마지막 부분의 「ー」을 생략해서 사용하기도 한다. 일반적으로 일
본에서는 개인용 컴퓨터(personal computer)를 약자로 「パソコン」이라 한다.

인칭 대명사 

자 칭	대 칭	타 칭			부 정 칭
		근 칭	중 칭	원 칭	
わたくし わたし あたし (저)	あなた (당신)	このかた (이 분)	そのかた (그 분)	あのかた (저 분)	どなた どのかた (어느 분)
ぼく (나, 저)	きみ (너, 자네)	このひと (이 사람)	そのひと (그 사람)	あのひと (저 사람)	だれ どのひと (누구)

Point문형

1 ~は~です

私は金です。

王さんは中国人です。

山田さんは学生です。

王(ワン)왕, 사람의 성/ 山田(やまだ)야마다/ 学生(がくせい)학생

2 ~は~(직업)ですか

劉さんは医者ですか。

あなたは会社員ですか。

朴さんは大学生ですか。

医者(いしゃ)의사/ 会社員(かいしゃいん)회사원/ 朴(バク)박, 사람의 성/ 大学生(だいがくせい)대학생/
劉(ユー)유, 사람의 성

3 ~の~(소유/동격)です

私のノートです。

小山さんの鉛筆です。

留学生の吉田さんです。

ノート 노트/ 留学生(りゅうがくせい)유학생/ 小山(こやま)사람의 성/ 鉛筆(えんぴつ)연필

4 ~は~の~(소속)ですか

吉田さんはサムソンの社員ですか。

あなたは韓国大学の学生ですか。

金さんは韓国大学の先生ですか。

サムソン 삼성/ 社員(しゃいん)사원/ 先生(せんせい)선생님

---

1. <u>私</u>は<u>金</u>です。

❶ 私、学生　　　　　　　　❷ 僕、田中

❸ イーさん、会社員　　　　❹ あのかた、先生

田中(たなか)타나카/ 会社員 僕(ぼく)나, 저 

---

2. <u>私</u>の<u>ノート</u>です。

❶ 金さん、かばん　　　　　❷ カンさん、パソコン

❸ 学校、いす　　　　　　　❹ 弟、自転車

かばん 가방/ パソコン 퍼스널 컴퓨터/ 学校(がっこう)학교/ 椅子(いす)의자/ 弟(おとうと)남동생/ 
自転車(じてんしゃ)자전거

---

3. A：<u>イーさん</u>は<u>学生</u>ですか。

B1：はい、<u>学生</u>です。

B2：いいえ、<u>学生</u>ではありません。<u>会社員</u>です。

❶ 佐藤さん、先生、研究生　　❷ 金さん、3年生、新入生

❸ 田中さん、会社員、学生　　❹ イーさん、部長、課長

佐藤(さとう)사토우/ 研究生(けんきゅうせい)연구생/ 部長(ぶちょう)부장님/ 課長(かちょう)과장님 

 **挨拶をしてみましょう。**

같은 반의 친구끼리 서로 인사를 나누어 봅시다. 그리고 아래 표의 빈 칸에 인사를 나눈 사람의 이름, 학년, 전공을 써 봅시다.

A： はじめまして、 <u>吉田</u> です。

B： はじめまして、 <u>キム・ジヘ</u> です。

A： <u>キム</u> さんは何年生ですか。

B： <u>1</u> 年生です。

 <u>吉田</u> さんは何年生ですか。

A： <u>3</u> 年生です。

 <u>キム</u> さんの専攻は何ですか。

B： <u>日本語</u> です。

 <u>吉田</u> さんの専攻は何ですか。

A： <u>コンピュータ</u> です。

英語(えいご)영어/ 中国語(ちゅうごくご)중국어/ 経営学(けいえいがく)경영학/ 化学(かがく)화학/
名前(なまえ)이름/ 物理(ぶつり)물리/ 電子工学(でんしこうがく)전자공학

	名前	学年(~年生)	専攻
1			
2			
3			
4			
5			
6			
7			

日
날 일

음독 : にち　　　훈독 : ひ、び
총획순 : 4획　　１ 冂 月 日

쓰기연습：日

日曜日(にちようび)일요일　一日中(いちにちじゅう)일일　日記(にっき)일기　日課(にっか)일과

学
배울 학

음독 : がく　　　훈독 : まなぶ
총획순 : 8획　　丶 丶 ツ ヅ 学 学 学 学

쓰기연습：学

学者(がくしゃ)학자　学問(がくもん)학문　学校(がっこう)학교　学会(がっかい)학계　学歴(がくれき)학력

何
어찌 하

음독 : か　　　훈독 : なに、なん
총획순 : 7획　　ノ イ 亻 仃 何 何 何

쓰기연습：何

何時(なんじ)몇 시　幾何(きか)기하　何故(なぜ)왜　何日(なんにち)몇 일　何番(なんばん)몇 번

専
오로지 전

음독 : せん　　　훈독 : もっぱら
총획순 : 9획　　一 厂 广 戸 亩 审 恵 専 専

쓰기연습：専

専攻(せんこう)전공　専念(せんねん)전념　専門(せんもん)전문　専売(せんばい)전매　専属(せんぞく)전속

私
사사로이 할 사

음독 : し　　　훈독 : わたくし、わたし
총획순 : 7획　　丶 二 千 禾 禾 私 私

쓰기연습：私

私立(しりつ)사립　私見(しけん)사견　私費(しひ)사비　私心(ししん)사심　公私(こうし)공사

バス(Bus) 버스

バス	バス	バス	バス

カメラ(camera) 카메라

カメラ	カメラ	カメラ	カメラ

テレビ(Television) 텔레비전

テレビ	テレビ	テレビ	テレビ

アイス(ice) 얼음

アイス	アイス	アイス	アイス

クラス(class) 학급

クラス	クラス	クラス	クラス

실력체크

TEST 1 : 본문을 듣고 다음 질문에 답하시오. (듣기, 독해 문제)

❶ 金さんは何年生ですか。

⇨ ____
____。

❷ 吉田さんは何年生ですか。

⇨ ____
____。

❸ 吉田さんの専攻は何ですか。

⇨ ____
____。

❹ 金さんの専攻は何ですか。

⇨ ____
____。

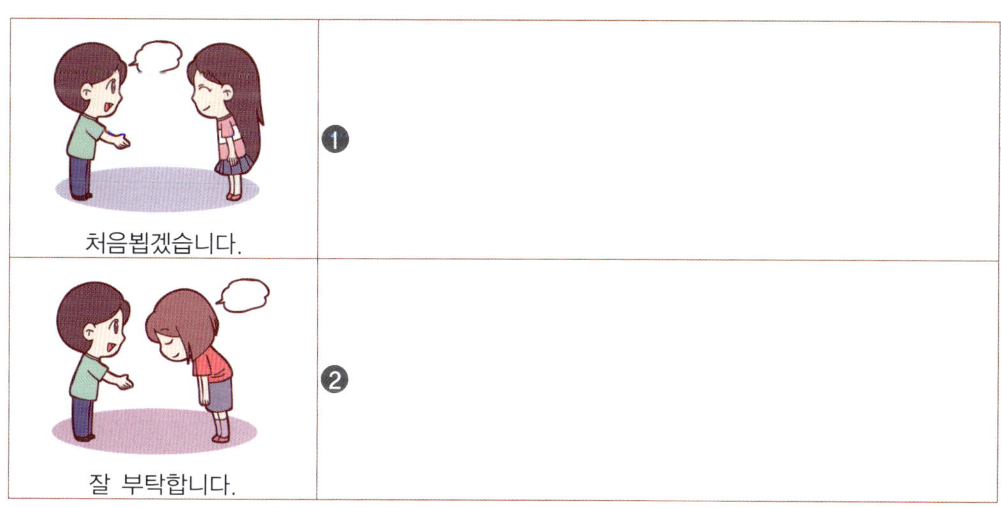

TEST 3 : 다음 그림에 맞는 ひらがな 또는 カタカナ를 쓰시오.

❶ ⇨ _______________________________

❷ ⇨ _______________________________

❸ ⇨ _______________________________

❹ ⇨ _______________________________

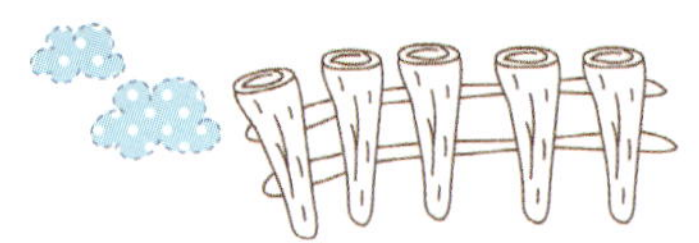 

일상생활의 인사말

아침 인사	おはようございます	안녕하세요.
낮 인사	こんにちは	안녕하세요, 안녕.
저녁 인사	こんばんは	안녕하세요, 안녕.
잠자리에 들 때 밤 늦게 헤어질 때	おやすみなさい	안녕히 주무세요.
외출할 때	いってきます	다녀오겠습니다.
집에 돌아왔을 때	ただいま	다녀왔습니다.
배웅할 때	いっていらっしゃい	다녀오세요.
마중할 때	おかえりなさい	어서 오세요.
식사 전에	いただきます	잘 먹겠습니다.
식사 후에	ごちそうさまでした	잘 먹었습니다.
손님이 왔을 때	いらっしゃい	어서 오세요.
손님이 가실 때	おきをつけて	조심해서 가세요.
남의 집을 방문했을 때	しつれいします ごめんください	실례합니다. 계십니까?
방문 후 돌아갈 때	しつれいしました	실례했습니다.
사과할 때	すみません	미안합니다.
축하할 때	おめでとうございます	축하합니다.
감사할 때	ありがとう ありがとうございます	감사 합니다.

日本語の本です

> **학습 Point**
>
> **1:** (これ/それ/あれ)は　〜(사물)です　　(이것/그것/저것)은/는　〜입니다.
>
> **2:** (ここ/そこ/あそこ)は　〜(장소)です　　(여기/저기/거기)는　〜입니다.
>
> **3:** 〜じゃ(では)ありません/じゃ(では)ないです　　〜아닙니다.
>
> **4:** はい、そうです/いいえ、そうじゃありません
>
> 　　　　　　　　　　　　　예, 그렇습니다/ 아니오, 그렇지 않습니다.

吉田　：金さん、それは何の本ですか。

金　　：日本語の本です。

　　　　吉田さん、その本は。

吉田　：この本はコンピュータの本です。

金　　：それは日本語ですか。

吉田　：いいえ、英語です。

🔖 単語 1

それ　ユ것	なんの(何の)　무슨
ほん(本)　책	その　ユ
この　이	いいえ　아니오(응답)
えいご(英語)　영어	

吉田　：ITルームはどこですか。

金　　：ITルームは5号館です。

吉田　：ここは何号館ですか。

金　　：6号館です。

吉田　：では、前の建物が5号館ですか。

金　　：いいえ、その隣のビルです。

吉田　：あそこですか。

　　　　どうもありがとうございます。

 **単語 2**

IT　アイティ(information technology)	ルーム　룸(room)
どこ　어디	ごうかん(号館)　호관(건물에 붙임)
ここ　여기	では　그럼(접속사)
まえ(前)　앞	たてもの(建物)　건물
~が　~이, 가(주격조사)	となり(隣)　이웃, 옆
ビル　빌딩(building)	あそこ　저기
どうも ありがとうございます　대단히 감사합니다	

金　　：吉田さん、お住まいはどこですか。

吉田　：大学の寮です。

金　　：校内の寮ですか。

吉田　：いいえ、市内の寮です。

金　　：そうですか。

　　　　これから授業ですか。

吉田　：はい、そうです。

金　　：では、また。

単語 3

お　(존경어)	すまい(住まい)　댁, 집
だいがく(大学)　대학	りょう(寮)　기숙사
こうない(校内)　교내	しない(市内)　시내
そうですか　그렇습니까	これから　이제부터, 지금부터
じゅぎょう(授業)　수업	はい　네 (응답)
そうです　그렇습니다	また　또

2:1

金さん、それは**何**①の本ですか②。

❶ 「<ruby>何<rt>なん</rt></ruby>の」는 종류를 물을 때 사용한다.

❷ 일본어는 문장 끝에 「か」가 접속되면 의문문이 되기 때문에 「?」를 원칙적으로 사용하시 않는다.

日本語の本です。

　「の」는 격조사로 뒤 단어의 내용이나 상태, 성질 등을 한정한다. 우리말로 해석할 때에는 「の」를 해석하지 않아도 되지만, 일본 문장 속에서는 생략할 수 없다.

吉田さん、その本は。

　「か」를 접속시키지 않고서도 회화체에서는 문 말에 악센트를 주면 의문문이 된다. 이 문장에서는 「<ruby>何<rt>なん</rt></ruby>ですか」가 생략되어 있다.

2:2

ここは何号館ですか。

　장소를 나타내는 지시대명사이다. 「こそあど」의 위치는 다음과 같다.

　㉾ こ → 말하는 사람의 세계.

　　そ → 듣는 사람의 세계.

　　あ → 말하는 사람과 듣는 사람으로부터 멀리 떨어진 곳.

　　ど → 그 어디에도 속하지 않는 것.

では、**前**①の**建物**②③が5**号館**④ですか。

❶ 접속사로서 「じゃ」의 정중어이다.

❷ 위치를 나타내는 명사로서 「まえ」로 읽는다. 다음은 위치와 방향을 나타내는 말이다.

❸ 「けんぶつ」로 읽기 쉬우나 반드시 「たてもの」로 읽어야 한다.

❹ 주격조사로 「~이・가」로 해석한다.

ひがし	東	동		にし	西	서		みなみ	南	남		きた	北	북
うえ	上	위		した	下	아래		ひだり	左	왼쪽		みぎ	右	오른쪽
まえ	前	앞		うしろ	後ろ	뒤		よこ	横	옆		となり	隣	옆

いいえ、その隣①のビル②です。

❶ 화자를 기준으로 하여 일직선상의 옆을 뜻한다. 유사어인 「横」와는 다음과 같은 차이점이 있다.

  예 성질이 같은 경우 → 隣　　私の隣に朴さんがいます。(내 옆에 박씨가 있습니다)
  　성질이 다른 경우 → 横　　私の横にテーブルがあります。(내 옆에 탁자가 있습니다)

❷ 「building」의 약자로 건물을 뜻한다. 유사한 「ビール」가 있는데, 이 단어는 「bier」로 맥주라는 뜻이 된다.

どうもありがとうございます。①②

❶ 부사로서 「정말, 대단히」의 의미로 쓰여 졌다.
❷ 허물없이 지내는 친숙한 사이라면 「ありがとう」나 「どうも」를 써도 된다.

2:3

吉田さん、お住まい①はどこ②ですか。

❶ 「お」는 존경·미화를 나타내는 대표적인 접두어이다. 용법은 주로 한자어에는 「ご」가 접속되고, 일본고유어에는 「お」가 접속이 된다.

  예 존경어 → ご主人(남의 남편),　お部屋(방),　ご注文(주문)

❷ 장소를 묻는 의문사이다. 「どちら」를 사용하면 좀 더 정중한 느낌을 줄 수 있다.

大学①の寮②です。

❶ 우리나라에서는 4년제 대학을 「대학교」라 하지만, 일본은 「대학」이라고 한다.

❷ 우리나라의 「寄宿舎(기숙사)」에 해당되는 단어로, 「学生寮」 또는 「社員寮」 등의 형태로 쓰여 진다.

はい、そうです。

　감동사로서 우리말의 「예」와 같다. 속어적이기는 하지만 친숙한 사이에서는 「ええ」를 많이 사용한다.

　　㉄ ええ、そのとおりです。(예, 그대로입니다)

では、また。

　부사로서 「또, 또다시」로 해석하며, 이 문장에서는 「あいましょう(만납시다)」가 생략된 표현이다.

▌지시사

구분	사물	장소	방향		지정	형용	방법
			정중	보통			
こ형	これ (이것)	ここ (여기)	こちら (이쪽)	こっち (이쪽)	この (이)	こんな (이런)	こう (이렇게)
そ형	それ (그것)	そこ (거기)	そちら (그쪽)	そっち (그쪽)	その (그)	そんな (그런)	そう (그렇게)
あ형	あれ (저것)	あそこ (저기)	あちら (저쪽)	あっち (저쪽)	あの (저)	あんな (저런)	ああ (저렇게)
ど형	どれ (어느 것)	どこ (어디)	どちら (어느 쪽)	どっち (어느 쪽)	どの (어느)	どんな (어떤)	どう (어떻게)

▌명사의 시제

구분	현　　　재		과　　　거	
	긍　정	부　　정	긍　정	부　　정
보통	おかねだ (돈이다)	おかねじゃない おかねではない (돈이(은) 아니다)	おかねだった (돈이었다)	おかねじゃなかった おかねではなかった (돈이(은) 아니었다)
정중	おかねです (돈입니다)	おかねじゃないです おかねではありません (돈이(은) 아닙니다)	おかねでした (돈이었습니다)	おかねじゃなかったです おかねではありませんでした (돈이(은) 아니었습니다)

Point문형

1 (これ/それ/あれ)は(사물)です

これは机です。

それは椅子です。

あれは消しゴムです。

机(つくえ)책상/ 消しゴム(けしゴム)지우개 

2 (ここ/そこ/あそこ)は(장소)です

ここは図書館です。

そこは郵便局です。

あそこはコンビニです。

図書館(としょかん)도서관/ 郵便局(ゆうびんきょく)우체국/ コンビニ 편의점 

3 〜じゃ(では)ありません/じゃ(では)ないです

私は学生じゃありません。

王さんは韓国人じゃありません。

金さんは医者じゃないです。

4 はい、そうです/いいえ、そうじゃありません

これは新聞ですか。

　はい、そうです。/はい、新聞です。

それは本ですか。

　いいえ、そうじゃありません。ノートです。/いいえ、本じゃありません。

新聞(しんぶん)신문 

---

1. A：<u>それ</u>は何ですか。

   B：<u>ラジオ</u>です。

---

❶ あれ、東京タワー   ❷ この箱、プレゼント

❸ その荷物、服   ❹ あの建物、銀行

ラジオ 라디오/ 東京タワー(とうきょうタワー)도쿄타워/ 箱(はこ)상자/ プレゼント(선물)/ 荷物(にもつ)짐 
服(ふく)옷/ 銀行(ぎんこう)은행

---

2. A：それは何の<u>本</u>ですか。

   B：<u>日本語</u>の<u>本</u>です。

---

❶ 雑誌、車   ❷ 絵、魚

❸ レポート、経営学   ❹ 花、ばら

雑誌(ざっし)잡지/ 車(くるま)자동차/ 絵(え)그림/ 魚(さかな)물고기/ レポート(리포트)/
花(はな)꽃/ ばら(장미)

---

3. A：<u>ITルーム</u>は<u>どこ</u>ですか。

   B：<u>5号館</u>です。

---

❶ 図書館、どこ、3号館の前   ❷ あの人、誰、小林さん

❸ お仕事、何、看護師   ❹ 休み、いつ、水曜日

誰(だれ)누구/ 小林(こばやし)고바야시/ いつ 언제/ 仕事(しごと)일, 직업/ 看護師(かんごし)간호사/
休み(やすみ)쉬는 날, 휴일, 휴식/ 水曜日(すいようび)수요일

どこですか。

그림을 보고 옆 사람에게 건물의 위치를 물어봅시다.

池(いけ)연못/ 学生食堂(がくせいしょくどう)학생식당 

4号館はどこですか。

図書館はどこですか。

池はどこですか。

銀行はどこですか。

郵便局はどこですか。

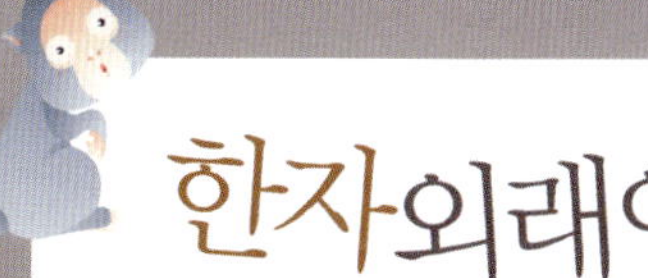

한자외래어

本	음독 : ほん　　　　훈독 : もと
근본 본	총획순 : 5획　一 十 才 木 本 쓰기연습　本

本国(ほんごく)본국　本能(ほんのう)본능　本業(ほんぎょう)본업　本人(ほんにん)본인　本店(ほんてん)본점

前	음독 : ぜん　　　　훈독 : まえ
앞 전	총획순 : 9획　丶 丷 产 产 芍 肖 肖 前 前 쓰기연습　前

前提(ぜんてい)전제　前兆(ぜんちょう)전조　前奏(ぜんそう)전주　前後(ぜんご)전후　目前(もくぜん)목전

建	음독 : けん、こん　　　훈독 : たてる、たつ
세울 건	총획순 : 9획　フ ユ ヨ 圭 聿 聿 建 建 쓰기연습　建

建国(けんこく)건국　建立(こんりゅう)건립　建設(けんせつ)건설　建議(けんぎ)건의　建築(けんちく)건축

大	음독 : たい、だい　　　훈독 : おおきい、おお
큰 대	총획순 : 3획　一 ナ 大 쓰기연습　大

大権(たいけん)대권　大胆(だいたん)대담　大成(たいせい)대성　大勢(たいせい)대세　大衆(たいしゅう)대중

住	음독 : じゅう　　　　훈독 : すむ
살 주	총획순 : 7획　ノ イ イ 广 佇 住 住 쓰기연습　住

住居(じゅうきょ)주거　住所(じゅうしょ)주소　住宅(じゅうたく)주택　安住(あんじゅう)안주　移住(いじゅう)이주

ラジオ(radio) 라디오

| ラジオ | ラジオ | ラジオ | ラジオ |

トイレ(toilet) 화장실

| トイレ | トイレ | トイレ | トイレ |

ドア(door) 문

| ドア | ドア | ドア | ドア |

ナイフ(knife) 칼

| ナイフ | ナイフ | ナイフ | ナイフ |

テスト(test) 시험

| テスト | テスト | テスト | テスト |

실력체크

TEST 1 : 본문을 듣고 질문에 답하시오.

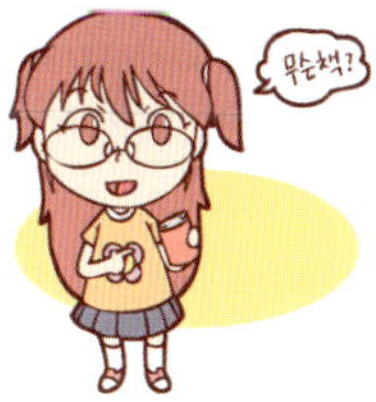

❶ 金さんの本は何の本ですか。

⇨ ____

____。

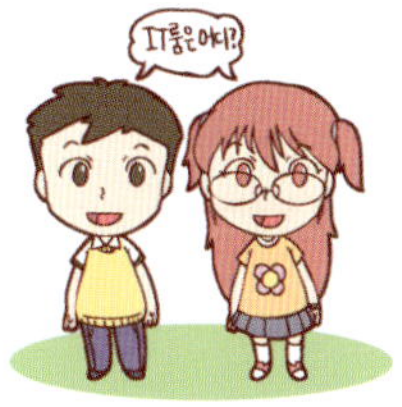

❷ ITルームはどこですか。

⇨ ____

____。

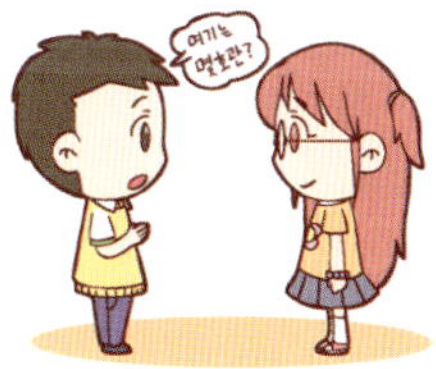

❸ ここは何号館ですか。

⇨ ____

____。

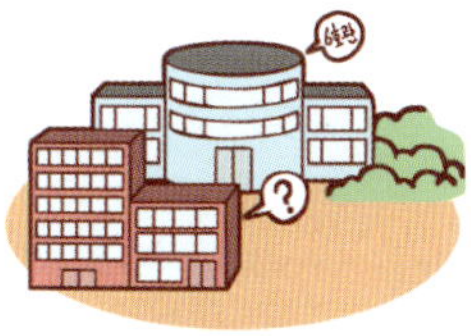

❹ 6号館の前の隣のビルは何号館ですか。

⇨ ____

____。

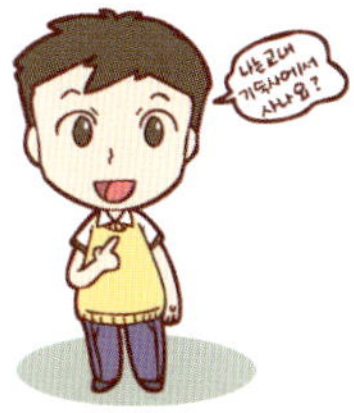

❺ 吉田さんのお住まいは校内の寮ですか。

⇨ ____

____。

TEST 2 : 다음 빈 칸에 알맞은 ひらがな 또는 한자를 쓰시오.

단어		ひらがな	한자	단어		ひらがな	한자
	책 ❶				여기 ❻		
	영어 ❷				저기 ❼		
	앞 ❸				수업 ❽		
	옆 ❹			대학	❾		
	건물 ❺				그 ❿		

TEST 3 : 다음 빈 칸에 적당한 조사를 쓰시오.

❶ 吉田さん ＿＿＿＿ お住まい ＿＿＿＿ どこですか。

❷ 市内 ＿＿＿＿ 寮です。

TEST 4 : 다음 문장을 부정문으로 바꾸시오.

❶ 先生です。　⇨ ＿＿＿＿＿＿＿＿＿＿＿＿＿＿＿＿＿＿＿＿＿＿＿。

❷ 2年生です。　⇨ ＿＿＿＿＿＿＿＿＿＿＿＿＿＿＿＿＿＿＿＿＿＿＿。

❸ 英語の本です。　⇨ ＿＿＿＿＿＿＿＿＿＿＿＿＿＿＿＿＿＿＿＿＿＿＿。

❹ これです。　⇨ ＿＿＿＿＿＿＿＿＿＿＿＿＿＿＿＿＿＿＿＿＿＿＿。

❺ ここです。　⇨ ＿＿＿＿＿＿＿＿＿＿＿＿＿＿＿＿＿＿＿＿＿＿＿。

❻ そうです。　⇨ ＿＿＿＿＿＿＿＿＿＿＿＿＿＿＿＿＿＿＿＿＿＿＿。

❼ あの建物です。　⇨ ＿＿＿＿＿＿＿＿＿＿＿＿＿＿＿＿＿＿＿＿＿＿＿。

携帯の番号は何番ですか

💡 **학습 Point**

1 : (この/その/あの)+(명사)は ～のです　～은/는 ～의 것입니다.

2 : ～は(의문사)～ですか　～은/는 ～입니까?

3 : ～も～も～です　～도 ～도 ～입니다.

4 : ～と～は～です　～와/과 ～은/는 ～입니다.

吉田 ： この携帯電話は金さんのですか。

金　　： はい、そうです。

吉田 ： 私の携帯はこれです。

金　　： 日本製ですか。

吉田 ： いいえ、韓国製です。

 単語 1

けいたいでんわ(携帯電話)　휴대전화	～の　 こと(~의 것)
にほんせい(日本製)　일본제품	かんこくせい(韓国製)　한국제품

吉田　：靴も、鞄も、韓国のものです。

金　　：そうですか。

　　　　では、日本のものはどれですか。

吉田　：ジャケットとズボンは日本製です。

金　　：シャツは。

吉田　：シャツは中国製です。

金　　：私のジャンパーも中国製です。

 **単語 2**

くつ(靴)　구두	~も　~도(조사)
かばん(鞄)　가방	もの(物)　것, 물건
どれ　어느 것	ジャケット　재킷(jacket)
~と　~와(과)	ズボン　바지(프;jupon)
シャツ　셔츠(shirt)	ちゅうごくせい(中国製)　중국제품
ジャンパー　점퍼(jumper)	

吉田　：金さん、携帯の番号は何番ですか。

金　　：010－2345－6789です。

　　　　吉田さんの携帯は何番ですか。

吉田　：私は、010－396－4481です。

単語 3

ばんごう(番号)　番号	なんばん(何番)　몇 번

3 : 1

この**携帯電話**①は金さん**の**②ですか。

❶ 일본에서는 핸드폰을 「携帯電話(휴대폰)」라고 하기 때문에 핸드폰이라고 말하면 잘 이해
하지 못하는 경우가 있다.

❷ 「~의 것」으로 해석하며, 이 문장에서는 「携帯電話」가 생략된 표현이다.

3 : 2

靴①も、**鞄**も、**韓国**②のものです。

❶ 같은 종류의 사항 중 몇 가지를 예를 들어 제시하는 용법으로 쓰여진 조사이다.

〔예〕 「も」의 용법

私も行きます。(저도 가겠습니다) → 첨가

味も香りもいいです。(맛도 향기도 좋습니다) → 열거

駅まで30分もかかりました。(역까지 30이나 걸렸습니다) → 정도의 한계

❷ 「かんこく(한국)」를 발음할 때는 「かんごく(감옥)」로 발음되지 않도록 주의해야 한다.
「国」국은 음독으로 「こく」이고, 연탁현상으로 「ごく」로 읽는 경우가 있다.

〔예〕 韓国(한국) → かんこく　　　　米国(미국) → べいこく　　　　隣国(이웃나라) → りんこく

中国(중국) → ちゅうごく　　　　天国(천국) → てんごく　　　　戦国(전국) → せんごく

ジャケット①と**ズボン**②は日本製です。

❶ 이 문장에서 「と」의 용법은 「ジャケット」와 「ズボン」을 한정하는 용법으로 쓰였다. 비슷
한 용법으로 「や」가 있는데, 이 「や」는 「など」를 수반하지만 보통 생략형으로 사용된다.

〔예〕 机の上に本と鉛筆があります。(책상 위에 책과 연필이 있습니다)

テーブルの下にかばんやゴミ箱などがあります。(테이블 밑에 가방이랑 휴지통 등이 있습니다)

❷ 프랑스어인 「jupon」의 カタカナ표기이다. 외래어표기는 외국어가 처음 일본에 들어왔을
때 어느 나라말이냐에 따라서 그 표기가 결정된다.

〔예〕 カボチャ(호박) → 캄보디아어　　　　キムチ(김치) → 한국어

タバコ(담배) → 포르투갈어　　　　チャーハン(볶음밥) → 중국어 ……

010－2345－6789です。

　전화번호 읽는 방법으로는 「ゼロ、いち、ゼロ、の、にー、さん、よん、ごー、の、ろく、なな、はち、きゅう」처럼 2와 5는 장음으로 읽어 주면 된다. 단 「0」은 「ゼロ」로, 「ー」은 「の」로 읽어야한다.

｜수 0〜20 

0、零 ゼロ、れい				
1 いち	2 に	3 さん	4 よん、し	5 ご
6 ろく	7 なな、しち	8 はち	9 きゅう、く	10 じゅう
11 じゅういち	12 じゅうに	13 じゅうさん	14 じゅうよん、じゅうし	15 じゅうご
16 じゅうろく	17 じゅうなな、じゅうしち	18 じゅうはち	19 じゅうきゅう、じゅうく	20 にじゅう

Ｐoint문형

1 (この/その/あの)+(명사)は～のです

この筆箱は金さんのです。
あのカバンは吉田さんのです。
そのボールペンは朴さんのです。

ボールペン 볼펜/ 筆箱(ふでばこ)필통 

2 ～は～(의문사)ですか

これは何ですか。
あの人は誰ですか。
図書館はどこですか。

誰(だれ)누구 

3 ～も～も～です

文さんも朴さんも韓国人です。
これもそれも日本語の雑誌です。
鉛筆もシャーペンも日本製です。

文(ムン)문, 사람의 성/ シャーペン 샤프 펜 

4 ～と～は～です

兄と姉は会社員です。
トマトとキュウリは野菜です。
金さんと吉田さんは学生です。

兄(あに)형, 오빠/ 姉(あね)누이, 언니/ トマト 토마토/ キュウリ 오이/ 野菜(やさい)야채 

---

1. A：この<u>携帯電話</u>は誰のですか。

　　B：<u>金さん</u>のです。

❶ ノート、私　　　　　　　　　　❷ かばん、先生

❸ ノートパソコン、イーさん　　　❹ 靴、社長

ノートパソコン 노트북/ 社長(しゃちょう)사장님

---

2. A：<u>シャツ</u>は中国製です。

　　B：<u>私のジャンパー</u>も中国製です。

❶ 田中さんのボールペン、日本製、私のボールペン

❷ 金さん、学生、バクさん

❸ 金さんの専攻、日本語、カンさんの専攻

❹ この傘、イーさんの、あのかばん

傘(かさ)우산

---

3. A：<u>携帯番号</u>は何番ですか。

　　B：<u>010ー2345ー6789</u>です。

❶ 自宅の電話番号、02ー7321ー8604　　❷ 事務所の電話番号、042ー8004ー3485

❸ 研究室の電話番号、062ー540ー9807　　❹ 先生の携帯の番号、090ー4128ー6625

自宅(じたく)자택/ 事務所(じむしょ)사무소/ 研究室(けんきゅうしつ)연구실

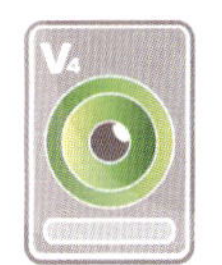

회화연습 2

携帯電話の番号を聞いてみましょう。

같은 반 친구들에게 휴대폰번호를 물어보고, 아래 표에 기입합니다. 다 물어보면 신생님이 학생들에게 전화번호를 물어봅니다. 틀리지 않도록 꼭 확인하세요.

A： すみません。＿＿＿＿＿＿＿さんの携帯の番号は何番ですか。

B： ＿＿＿＿＿＿＿＿＿＿＿＿＿＿です。

A： ＿＿＿＿＿＿＿＿＿＿＿＿＿ですね。

ありがとうございました。

	名前	携帯電話の番号
1		
2		
3		
4		
5		
6		
7		
8		
9		
10		

電	음독 : でん		훈독 : いなずま
	총획순 : 13획	一 一 一 一 一 一 一 一 一 一 一 一 電	
번개 전	쓰기연습 電		

電気(でんき)전기　電報(でんぽう)전보　電送(でんそう)전송　電信(でんしん)전신　電子(でんし)전자

国	음독 : こく		훈독 : くに
	총획순 : 8획	丨 几 冂 冃 囝 国 国 国	
나라 국	쓰기연습 国		

国家(こっか)국가　国境(こっきょう)국경　国際(こくさい)국제　国民(こくみん)국민　韓国(かんこく)한국

製	음독 : せい	
	총획순 : 14획	一 一 一 一 一 一 制 制 制 製 製 製 製
지을 제	쓰기연습 製	

製図(せいず)제도　製薬(せいやく)제약　製作(せいさく)제작　製造(せいぞう)제조　製品(せいひん)제품

携	음독 : けい		훈독 : たずさえる
	총획순 : 13획	一 一 扌 扌 扌 扌 扩 押 押 推 推 携	
가질 휴	쓰기연습 携		

携帯電話(けいたいでんわ)휴대전화　提携(ていけい)제휴　携わる(たずさわる)관계하다

番	음독 : ばん		훈독 : つがう
	총획순 : 12획	一 一 一 一 平 平 来 来 番 番 番 番	
차례 번	쓰기연습 番		

番地(ばんち)번지　番号(ばんごう)번호　非番(ひばん)비번　番犬(ばんけん)번견　番組(ばんぐみ)프로

ガイド(guide) 안내

ガイド	ガイド	ガイド	ガイド

ゲスト(guest) 손님

ゲスト	ゲスト	ゲスト	ゲスト

ドラマ(drama) 드라마

ドラマ	ドラマ	ドラマ	ドラマ

ボトル(bottle) 병

ボトル	ボトル	ボトル	ボトル

ピクニック(picnic) 소풍

ピクニック	ピクニック	ピクニック	ピクニック

TEST 1: 본문을 듣고 질문에 답하시오.

❶ 吉田さんの携帯は韓国製ですか。

⇨ ____。

❷ 吉田さんの靴は日本製ですか。

⇨ ____。

❸ 吉田さんのズボンは韓国製ですか。

⇨ ____。

❹ 吉田さんのシャツは日本製ですか。

⇨ ____。

❺ 金さんのジャンパーはどこのものですか。

⇨ ____。

❻ 金さんの携帯の番号は何番ですか。

⇨ ____。

❼ 吉田さんの携帯の番号は何番ですか。

⇨ ____。

TEST 3 : 다음 그림에 맞는 ひらがな 또는 カタカナ를 쓰시오.

❶ ⇨ ______________________________

❷ ⇨ ______________________________

❸ ⇨ ______________________________

❹ ⇨ ______________________________

❺ ⇨ ______________________________

TEST 3 : 다음 전화번호를 ひらがな로 쓰시오.

❶ 011-778-2982 ⇨ ______________________________

❷ 02-574-0135 ⇨ ______________________________

❸ 062-954-5663 ⇨ ______________________________

❹ 119 ⇨ ______________________________

日本語は おもしろいです

---

1 : ～は～(형용사)です　～은/는 ～입니다.

2 : ～(형용사)くありません/くないです　(형용사) ～지 않습니다.

3 : ～(사물)あります/(사람/동물)います　～ 있습니다.

4 : ～(형용사+명사)です　～입니다.

5 : ～(사물)をください　～을/를 주세요.

吉田　：日本語は易しいですか。

金　　：いいえ、易しくありません。

　　　　とても難しいです。

　　　　韓国語はどうですか。

吉田　：韓国語も本当に難しいです。

金　　：日本語は難しいですけど、おもしろいです。

単語 １

やさしい(易しい)　쉽다	とても　아주, 매우
むずかしい(難しい)　어렵다	かんこくご(韓国語)　한국어
どうですか　어떻습니까	ほんとう(本当)　정말로
~けど　~만(접속조사)	おもしろい(面白い)　재미있다

吉田　：金さんの帽子、かわいいですね。

金　　：ありがとうございます。

吉田　：おいくらのものですか。

金　　：3千5百ウォンです。

吉田　：安いですね。

金　　：もっと安いものも多いです。

単語 2

ぼうし(帽子)　모자	かわいい(可愛い)　귀엽다
~ね　~네요, ~군요(종조사)	いくら　얼마
さんぜん ごひゃく(三千五百)　3,500	ウォン　원(화폐단위)
やすい(安い)　싸다	もっと　더욱, 더
おおい(多い)　많다	

吉田　：　このペンはいくらですか。

店員　：　一本2千ウォンです。

吉田　：　高いですね。

　　　　　もっと安いのはありませんか。

店員　：　これです。

吉田　：　それはいくらですか。

店員　：　6百ウォンです。

吉田　：　それを一本ください。

店員　：　1000ウォンからですね。

　　　　　おつりは4百ウォンです。

　　　　　ありがとうございました。

単語 3

ペン　ペン(pen)	いっぽん(一本)　한 자루
にせん(二千)　2,000	たかい(高い)　비싸다
ありませんか　없습니까	これ　이것
～を　~을(를)(조사)	ください(下さい)　주세요
せん(千)　1,000	おつり　거스름 돈, 잔돈
よんひゃく(4百)400	

日本語は**易**しいですか。

형용사의 기본형은 「い」로 끝난다. 사물의 성질과 상태를 나타내는 속성형용사와 인간의 감정을 나타내는 간정형용사로 나누어진다.

- 예 속성형용사 → 青い(파랗다), 赤い(빨갛다), 円い(둥글다), 高い(비싸다), 安い(싸다),   大きい(크다), 小さい(작다) ……

  감정형용사 → 嬉しい(기쁘다), 寂しい(외롭다), 悲しい(슬프다), 悔しい(분하다), 苦しい(고통스럽다) ……

とても**難**しいです。

정도부사로서 「대단히, 몹시, 매우」의 의미이다. 부정을 수반할 경우는 「도저히, 아무리 해도」로 해석한다. 부사는 자립어로 활용이 없고 단독으로 용언을 수식하며, 종류로는 「정도부사・상태부사・진술부사」가 있다.

- 예 彼女はとてもきれいです。(그녀는 매우 아름답습니다)

  このキムチはとてもおいしいです。(이 김치는 매우 맛있습니다)

韓国語はどうですか。

「〜어떻습니까」로 해석하며, 한국어를 공부하는데 있어서의 난이도를 묻는 표현이다.

日本語は**難**しいです**けど**、おもしろいです。

「けど」는 「けれども」와 「けれど」보다 속어적인 표현이므로 친숙한 사이에서 많이 사용된다.

金さんの帽子、かわいいですね。

감탄, 놀람, 자기의 주장, 상대방의 동의 등을 구할 때나, 사실유무를 확인할 때 사용하는 종조사로 활용형의 종지형에 접속한다. 대화중에 자주 사용하는 것은 바람직하지 못하다.

3千5百ウォンです。 ①②

1 다음은 「十〜十万」까지의 수사도표이다. 요음과 촉음의 발음에 주의 하면서 읽는 연습을 해보자.

じゅう 十	にじゅう 二十	さんじゅう 三十	よんじゅう 四十	ごじゅう 五十	ろくじゅう 六十	ななじゅう 七十	はちじゅう 八十	きゅうじゅう 九十	
ひゃく 百	にひゃく 二百	さんびゃく 三百	よんひゃく 四百	ごひゃく 五百	ろっぴゃく 六百	ななひゃく 七百	はっぴゃく 八百	きゅうひゃく 九百	
せん 千	にせん 二千	さんぜん 三千	よんせん 四千	ごせん 五千	ろくせん 六千	ななせん 七千	はっせん 八千	きゅうせん 九千	
いちまん 一万	にまん 二万	さんまん 三万	よんまん 四万	ごまん 五万	ろくまん 六万	ななまん 七万	はちまん 八万	きゅうまん 九万	じゅうまん 十万

2 「ウォン」은 우리나라의 화폐단위이고, 일본은 「えん(円)」이라 하며 미국은 「ドル」라 한다.

4 : 3

一本2千ウォンです。

가늘고 긴 물건이나 병과 캔 등을 셀 때 사용하는 수사이다.

1자루 1병	2자루 2병	3자루 3병	4자루 4병	5자루 5병	6자루 6병	7자루 7병	8자루 8병	9자루 9병	10자루 10병
いっぽん 一本	にほん 二本	さんぼん 三本	よんほん 四本	ごほん 五本	ろっぽん 六本	ななほん 七本	はっぽん 八本	きゅうほん 九本	じゅっぽん 十本

もっとやすいのはありませんか。

* 동사 あります(있습니다)의 부정으로 (없습니다)의 뜻이다. 보조적으로 쓰일 때는 (아닙니다/ 않습니다)의 뜻으로 쓰인다.

> **예** 安いペンはありません。(싼 펜은 없습니다)
> 安いペンではありません。(싼 펜이 아닙니다)
> このペンは安くありません。(이 펜은 싸지 않습니다)

* 형용사 ない(없다)도 마찬가지로 보조적으로 쓰일 때는 (아니다/않다)의 뜻으로 쓰인다.

> **예** 高いものはない。(비싼 물건은 없다)
> 高いものじゃない。(비싼 물건이 아니디)
> これは高くない。(이것은 비싸지 않다)

それを^①一本ください^②。

❶ 우리말의 「을, 를」에 해당하는 목적격조사이다.

❷ 「ください」는 명령의 의미가 있기 때문에 약간 불손한 느낌을 줄 수 있다. 정중한 내화에
서는 「おねがいします」을 사용하도록 하자.

   예 タバコをください。(담배주세요)

      タバコをおねがいします。(담배 부탁합니다)

1000ウォンからですね。

  1000원부터 받는다는 의미가 아니라 「1000원으로 계산 하겠습니다」라는 의미이다.

형용사의 시제

구분	현 재		과 거	
	긍 정	부 정	긍 정	부 정
보통	からい (맵다)	からくない (맵지 않다)	からかった (매웠다)	からくなかった (맵지 않았다)
정중	からいです (맵습니다)	からくないです からくありません (맵지 않습니다)	からかったです (매웠습니다)	からくなかったです からくありませんでした (맵지 않았습니다)

あおい	青い	파랗다
あかるい	明るい	밝다
あさい	浅い	얕다
あつい	熱い	뜨겁다
あかい	赤い	빨갛다
あたたかい	暖かい	따뜻하다
あつい	暑い	덥다
あつい	厚い	두껍다
あたらしい	新しい	새롭다
あまい	甘い	달다
いたい	痛い	아프다
いそがしい	忙しい	바쁘다
うすい	薄い	얇다
うるさい		시끄럽다
うまい	美味い	맛있다
うれしい	嬉しい	기쁘다
うつくしい	美しい	아름답다
おそい	遅い	늦다
おいしい	美味しい	맛있다
おおきい	大きい	크다
おもしろい	面白い	재미있다
おおい	多い	많다
おもい	重い	무겁다
おかしい	可笑しい	이상하다
かわいい	可愛い	귀엽다
かるい	軽い	가볍다
かなしい	悲しい	슬프다
からい	辛い	맵다
きびしい	厳しい	엄하다
きたない	汚い	더럽다
きいろい	黄色い	노랗다
くらい	暗い	어둡다
こまかい	細かい	꼼꼼하다, 섬세하다
こわい	怖い	무섭다
さびしい	寂しい	외롭다
さむい	寒い	춥다
しろい	白い	희다
すごい		대단하다

すくない	少ない	적다
すずしい	涼しい	시원하다
すばらしい	素晴らしい	멋지다, 근사하다
せまい	狭い	좁다
たかい	高い	비싸다, 높다
ただしい	正しい	바르다
ちいさい	小さい	작다
ちかい	近い	가깝다
つめたい	冷たい	차다
つまらない	詰まらない	시시하다
つよい	強い	강하다
とおい	遠い	멀다
ない	無い	없다
ながい	長い	길다
にがい	苦い	쓰다
ねむい	眠い	졸리다
はずかしい	恥ずかしい	부끄럽다
はやい	早(速)い	빠르다(시간, 시기, 속도)
ひくい	低い	낮다
ひどい	酷い	지독하다
ひろい	広い	넓다
ふかい	深い	깊다
ふとい	太い	굵다
ふるい	古い	오래되다
ほしい	欲しい	갖고 싶다, 원하다
ほそい	細い	좁다, 가늘다
まずい	不味い	맛없다
まるい	丸い	둥글다
みじかい	短い	짧다
むずかしい	難しい	어렵다
めずらしい	珍しい	희귀하다, 진귀하다
やさしい	易しい	쉽다
やさしい	優しい	상냥하다
やすい	安い	싸다
よい、いい	良い	좋다
よわい	弱い	약하다
わかい	若い	젊다
わるい	悪い	나쁘다

Point문형

1 ～は～(형용사)です

この靴は大きいです。
佐藤さんは背が高いです。
日本語はとてもおもしろいです。

背(せ)키 

2 ～(형용사)くありません/くないです

納豆はおいしくありません。
このカメラは高くありません。
その靴は大きくないです。

カメラ 카메라/ 納豆(なっとう)일본식 청국장 

3 ～(사물)あります/(사람/동물)います

ここにカメラがあります。
机の上に本があります。
車の中に男の人がいます。

中(なか)속, 안/ 車(くるま)차/ 男(おとこ)남자/ 人(ひと)사람

4 ～(형용사+명사)です

広い部屋です。
かわいい帽子です。
おいしいケーキです。

部屋(へや)방/ ケーキ 케이크

5 ～(사물)をください

この黒い手袋をください。
その青いノートをください。
あの赤いハンカチをください。

黒い(くろい)검다/ 手袋(てぶくろ)장갑/ ハンカチ(손수건) 

---

1. A ：<u>日本語</u>は<u>やさしい</u>ですか。

B1 ：はい、<u>やさしい</u>です。

B2 ：いいえ、<u>やさしく</u>ありません。難しいです。

---

❶ このセーター、高い、安い　　❷ 大学の建物、新しい、古い

❸ 美術館、ここから遠い、近い　　❹ この店のケーキ、おいしい、まずい

セーター(스웨터)/ 新しい(あたらしい)새롭다/ 古い(ふるい)낡다, 오래되다/ 美術館(びじゅつかん)미술관 
遠い(とおい)멀다/ 近い(ちかい)가깝다/ 店(みせ)가게/ まずい(맛없다)

---

2. <u>教室</u>に<u>田中さん</u>がいます。

---

❶ 図書館、金さん　　❷ 庭、小鳥

❸ いすの上、猫　　❹ 門の前、犬

教室(きょうしつ)교실/ 猫(ねこ)고양이/ 門(もん)대문/ 犬(いぬ)개/ 庭(にわ)마당/ 小鳥(ことり)작은 새

---

3. A：<u>テーブルの上</u>に何がありますか。

B：<u>りんご</u>があります。

---

❶ 机の下、ごみ箱　　❷ 家の前、車

❸ かばんの中、辞書　　❹ テレビの横、テープレコーダー

りんご 사과/ 家(いえ、うち)집, 가정/ 辞書(じしょ)사전/ テーブル(테이블)/ ゴミ箱(ゴミばこ)휴지통/
テレビ(텔레비전)/ テープレコーダー(카셋트)

회화연습 2

■ 買い物をしてみましょう。 ■

가게 놀이를 해봅시다. 3~4인의 조를 만들어서 가게 직원과 손님을 정합니다. 파는 물건은 각자
가지고 있는 문구, 가방, 휴대폰 등을 이용하고, 가게 직원은 미리 가격을 정합니다.

손님　　　： このボールペンは、いくらですか。

가게 직원： 700ウォンです。

손님　　　： その白いペンケースは、いくらですか。

가게 직원： 3500ウォンです。

손님　　　： あの大きいかばんは、いくらですか。

가게 직원： 27800ウォンです。

손님　　　： じゃあ、ペンケースとボールペンをください。

가게 직원： はい、全部で4200ウォンです。

　　　　　　 ありがとうございました。

ペンケース 필통/ 全部(ぜんぶ)전부

難　음독 : なん　　　훈독 : むずかしい、にくい、かたい
총획순 : 18획　一 十 艹 艹 苦 苫 莫 茣 莫 菓 鄚 鄚 鄚 鄚 難 難
쓰기연습　難
어려울 난

難関(なんかん)난관　難民(なんみん)난민　難色(なんしょく)난색　難題(なんだい)난제　避難(ひなん)피난

安　음독 : あん　　　훈독 : やすらか、やすい
총획순 : 6획　、、宀 宍 安 安
쓰기연습　安
편안할 안

安堵(あんど)안도　安楽(あんらく)안락　安否(あんぴ)안부　安全(あんぜん)안전　安住(あんじゅう)안주

多　음독 : た　　　훈독 : おおい
총획순 : 6획　ノ ク タ タ 多 多
쓰기연습　多
많을 다

多発(たはつ)다발　多様(たよう)다양　多情(たじょう)다정　多才(たさい)다재　多寡(たか)다과

高　음독 : こう　　　훈독 : たかい
총획순 : 10획　、一 六 古 古 卢 高 高 高 高
쓰기연습　高
높을 고

高価(こうか)고가　高見(こうけん)고견　高潔(こうけつ)고결　高潮(こうちょう)고조　高尚(こうしょう)고상

易　음독 : い、えき　　　훈독 : やさしい、やすい
총획순 : 8획　丨 冂 日 日 月 马 易 易
쓰기연습　易
쉬울 이
바꿀 역

安易(あんい)안이　容易(ようい)용이　簡易(かんい)간이　交易(こうえき)교역　貿易(ぼうえき)무역

ホテル(Hotel) 호텔

| ホテル | ホテル | ホテル | ホテル |

アルバイト(Arbeit) 아르바이트

| アルバイト | アルバイト | アルバイト | アルバイト |

ベッド(bed) 침대

| ベッド | ベッド | ベッド | ベッド |

ガラス(glass) 유리

| ガラス | ガラス | ガラス | ガラス |

ネクタイ(necktie) 넥타이

| ネクタイ | ネクタイ | ネクタイ | ネクタイ |

TEST 1: 본문을 듣고 질문에 답하시오.

❶ 吉田さんは韓国語がやさしいですか。

⇨ ____。

❷ 金さんは日本語がおもしろいですか。

⇨ ____。

❸ 金さんの帽子はかわいいですか。

⇨ ____。

❹ 金さんの帽子は高いですか。

⇨ ____。

❺ 金さんの帽子はいくらですか。

⇨ ____。

❻ 高いペンは一本いくらですか。

⇨ ____。

❼ 安いペンは一本いくらですか。

⇨ ____。

❽ おつりはいくらですか。

⇨ ____。

TEST 2: 다음 문장을 부정형으로 바꾸시오.

❶ 日本語はやさしいです。　　　⇨ ＿＿＿＿＿＿＿＿＿＿＿＿＿＿＿。

❷ あの建物は新しいです。　　　⇨ ＿＿＿＿＿＿＿＿＿＿＿＿＿＿＿。

❸ この店のケーキはおいしいです。⇨ ＿＿＿＿＿＿＿＿＿＿＿＿＿＿＿。

❹ 先生の研究室は広いです。　　　⇨ ＿＿＿＿＿＿＿＿＿＿＿＿＿＿＿。

❺ 安いものです。　　　　　　　⇨ ＿＿＿＿＿＿＿＿＿＿＿＿＿＿＿。

TEST 3: 다음 빈 칸에 알맞은 단어를 보기에서 골라 쓰시오.

보기: おもしろい　やすい　どう　いくら　ひとつ　すこし　とても　が　を
　　　　に　　の　　あります

❶ 日本語は難しいですけど、＿＿＿＿＿＿＿＿ です。

❷ A: この帽子、＿＿＿＿＿＿＿＿ですか。　　B: いいですね。

❸ ＿＿＿＿＿＿＿ ものも多いです。

❹ もっと ＿＿＿＿＿＿＿ ノートはこれです。*時計 시계

❺ A: あの時計は ＿＿＿＿＿＿ ですか。　　B: 一万円です。

❻ コーヒーカップは ＿＿＿＿＿＿ 3,800ウォンです。

❼ 中国語は ＿＿＿＿＿＿ 難しいです。

❽ 日本製は ＿＿＿＿＿＿ たかいです。

❾ りんご ＿＿＿ みっつください。

❿ つくえの上 ＿＿＿ 本が ＿＿＿＿＿＿＿＿。

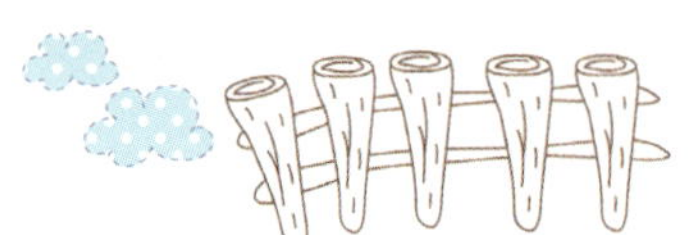

ピーマン 피망	トマト 토마토	キャベツ 양배추	きゅうり(胡瓜) 오이

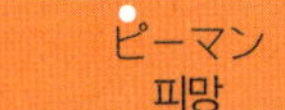

			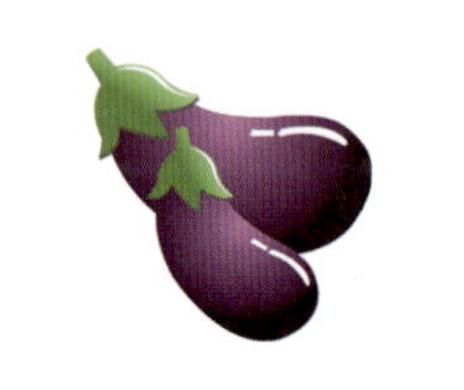
とうもろこし 옥수수	だいこん(大根) 무	にんじん 당근	なす 가지

かき(柿) 감	いちご(苺) 딸기	レモン 레몬	メロン 멜론

くり(栗) 밤	もも(桃) 복숭아	りんご 사과	すいか(西瓜) 수박

キーウィ 키위	パイナップル 파인애플	ぶどう(葡萄) 포도	なし(梨) 배

今日は何曜日ですか

1 : ～は～(월/일/요일)です　～은/는　～입니다.

2 : ～から～まで　～부터 ～까지

3 : ～の(시간・때)にどうですか/いかがですか　～에 어떻습니까?

4 : ～(형용동사/명사)なので～です　～기 때문에 ～입니다.

5 : ～でもどうですか　～라도 어떻습니까?

吉田 ： 今日は何曜日ですか。

金　　： 火曜日です。

吉田 ： では、明日が水曜日ですね。

金　　： そうです。

　　　　どうしたんですか。

吉田 ： 来週から中間試験ですよ。

金　　： 心配ですね。

単語 1

きょう(今日)　オ늘	なんようび(何曜日)　무슨 요일
かようび(火曜日)　화요일	あした(明日)　내일
すいようび(水曜日)　수요일	どうしたんですか　무슨 일입니까
らいしゅう(来週)　다음 주	ちゅうかん(中間)　중간
~よ　~요 (종조사)	しんぱい(心配)　걱정
しけん(試験)　시험	

金　　：吉田さん、テストは何科目ですか。

吉田　：6科目です。

金　　：私も6科目です。

吉田　：でも、そのうちの3科目が韓国語の科目なので心配です。

金　　：大変ですね。

　　　　私も日本語が2科目です。

吉田　：お互い頑張りましょう。

単語 2

テスト　テスト(test), 시험	かもく(科目)　과목
でも　그래도, 하지만(접속사)	うち　중, 사이
~ので　~ 때문에	たいへんだ(大変だ)　큰일이다, 힘들다
たがい(互い)　서로	がんばりましょう(頑張りましょう)　분발합시다. 힘 냅시다

吉田　：テストはいつまでですか。

金　　：来週の金曜日の6時限目までです。

吉田　：私は木曜日の3時限目までです。

　　　　テストの後は一緒に食事でもどうですか。

金　　：来週の金曜日は何日ですか。

吉田　：4月の27日です。

金　　：では、4月28日の土曜日にお昼を一緒にいかがですか。

吉田　：いいですね。

単語 3

いつ	언제	～まで	～까지
じげん(時限)	교시	あと(後)	후, 나중
いっしょに(一緒に)	같이, 함께	しょくじ(食事)	식사
～でも	～라도(조사)	なんにち(何日)	며칠
おひる(お昼)	점심	～を	～을(를)(조사)
いかがですか	어떻습니까	いい(良い)	좋다

5 : 1 ▮

今日は何曜日ですか。

❶ 「오늘」이란 뜻이며 관련어를 도표로 나타내면 다음과 같다.

그저께	어제	오늘	내일	모레	글피
おととい 一昨日	(きのう・さくじつ) 昨日	きょう 今日	(あした・あす) 明日	あさって 明後日	しあさって 明明後日

❷ 「무슨 요일」이란 뜻이며 요일명은 다음과 같다.

월요일	화요일	수요일	목요일	금요일	토요일	일요일
げつようび 月曜日	かようび 火曜日	すいようび 水曜日	もくようび 木曜日	きんようび 金曜日	どようび 土曜日	にちようび 日曜日

来週から中間試験ですよ。

❶ 「다음주」로 해석한다.

전전주	전주	이번 주	다음주	다다음주
せんせんしゅう 先々週	せんしゅう 先週	こんしゅう 今週	らいしゅう 来週	さらいしゅう 再来週

❷ 종조사로서 자신의 생각이나 「의견, 주장, 충고, 권유, 금지, 명령, 주의, 호소」 등을 나타내는 주관적인 표현으로 「요」로 해석한다.

5 : 2 ▮

吉田さん、テストは何科目ですか。

일본에서는 「試験(시험)」보다 영어인 「テスト」쪽을 많이 사용한다.

でも、そのうちの三科目が韓国語の科目なので心配です。

❶ 역접의 접속사로서 앞 문장에서 서술한 내용과 반대되는 사항이 오며, 「しかし」보다 회화적인 표현이다. 문중에서는 사용하지 않는 것이 특징이다.

❷ 일반적인 원인 이유 등을 나타내는 접속조사로서 인과관계가 객관적인 경우에만 사용된다.

お互い頑張りましょう。

「ます」의 의지형으로 상대방에게 적극적인 태도로 권유나 허락, 제안 등을 할 때 사용하는 표현이다.

5 : 3

来週の金曜日の6時^①限目までです。

시간을 나타내는 조수사로 시간과 관련된 수사는 다음과 같은 것이 있다.

시간	いちじ 一時	にじ 二時	さんじ 三時	よじ 四時	ごじ 五時	ろくじ 六時	しちじ 七時	はちじ 八時	くじ 九時	じゅうじ 十時
분	いっぷん 一分	にふん 二分	さんぷん 三分	よんぷん 四分	ごふん 五分	ろっぷん 六分	ななふん 七分	はっぷん 八分	きゅうふん 九分	じゅっぷん 十分
초	いちびょう 一秒	にびょう 二秒	さんびょう 三秒	よんびょう 四秒	ごびょう 五秒	ろくびょう 六秒	ななびょう 七秒	はちびょう 八秒	きゅうびょう 九秒	じゅうびょう 十秒

4月^①の27日^②です。

❶ 「월」을 나타내는 조수사로 다음과 같은 것이 있다.

1월	2월	3월	4월	5월	6월	7월	8월	9월	10월	11월	12월
いちがつ 一月	にがつ 二月	さんがつ 三月	しがつ 四月	ごがつ 五月	ろくがつ 六月	しちがつ 七月	はちがつ 八月	くがつ 九月	じゅうがつ 十月	じゅういちがつ 十一月	じゅうにがつ 十二月

❷ 「일자」을 나타내는 조수사는 읽는 방법이 난해하기 때문에 시간을 갖고 암기와 읽기를 반복하자.

ついたち 一日	ふつか 二日	みっか 三日	よっか 四日	いつか 五日	むいか 六日	なのか 七日
ようか 八日	ここのか 九日	とおか 十日	じゅういちにち 十一日	じゅうににち 十二日	じゅうさんにち 十三日	じゅうよっか 十四日
じゅうごにち 十五日	じゅうろくにち 十六日	じゅうしちにち 十七日	じゅうはちにち 十八日	じゅうくにち 十九日	はつか 二十日	にじゅういちにち 二十一日
にじゅうににち 二十二日	にじゅうさんにち 二十三日	にゅうよっか 二十四日	にじゅうごにち 二十五日	にじゅうろくにち 二十六日	にじゅうしちにち 二十七日	にじゅうはちにち 二十八日
にじゅうくにち 二十九日	さんじゅうにち 三十日	さんじゅういちにち 三十一日				

도키메키
일본어

では、4月28日の土曜日に**お昼**^①を一緒に**いかが**^②ですか。

❶ 점심식사를 뜻한다. 관련어로는 「朝ご飯(아침밥), 昼ご飯(점심밥), 夕飯・晩ご飯(저녁밥)」
  능이 있다.

❷ 상대방의 의견을 묻거나 권유할 때 쓰는 「どうですか」의 공손한 표현이다.

いいですね。

「いいです」에 「ね」가 접속되면 「좋아요」란 의미이고, 「ね」가 없는 문은 「됐습니다」의 정
반대의 의미가 되기 때문에 주의해야한다.

　㉠ A:お茶はどうですか。 (차드시겠어요)
　　 B:いいですね。 (좋아요)
　　　 いいです。 (됐습니다)

형용동사의 시제

| 구분 | 현　　　재 | | 과　　　거 | |
	긍　정	부　　　정	긍　정	부　　　정
보통	好きだ (좋아하다)	好きじゃない 好きではない (좋아하지 않다)	好きだった (좋아했다)	好きじゃなかった 好きではなかった (좋아하지 않았다)
정중	好きです (좋아합니다)	好きじゃないです 好きではありません (좋아하지 않습니다)	好きでした (좋아했습니다)	好きじゃなかったです 好きではありませんでした (좋아하지 않았습니다)

あきらかだ	明かだ	명백하다
あざやかだ	鮮やかだ	선명하다, 산뜻하다
あたたかだ	暖かだ	따뜻하다
あらただ	新ただ	새롭다
あわれだ	哀れだ	가엽다, 애처롭다
あんしんだ	安心だ	안심이다
あんぜんだ	安全だ	안전하다
いやだ	嫌だ	싫다
いろいろだ	色々だ	여러 가지다
おだやかだ	穏やかだ	평온하다
おなじだ	同じだ	같다
かすかだ	微かだ	희미하다
かんたんだ	簡単だ	간단하다
きけんだ	危険だ	위험하다
きゅうだ	急だ	급하다
きよらかだ	清らかだ	청아하다, 깨끗하다
きらいだ	嫌いだ	싫어하다
きれいだ	綺麗だ	예쁘다, 깨끗하다
けっこうだ	結構だ	좋다, 훌륭하다
げんきだ	元気だ	건강하다
さいわいだ	幸いだ	다행이다
さかんだ	盛んだ	한창이다, 왕성하다
ざんねんだ	残念だ	유감스럽다
しあわせだ	幸せだ	행복하다
しんせつだ	親切だ	친절하다
しんぱいだ	心配だ	걱정이다
しずかだ	静かだ	조용하다
すきだ	好きだ	좋아하다
すこやかだ	健やかだ	건강하다
じみだ	地味だ	수수하다
じゃまだ	邪魔だ	방해다
じょうぶだ	丈夫だ	튼튼하다
じゅうぶんだ	十分だ	충분하다
じょうずだ	上手だ	능숙하다
じゆうだ	自由だ	자유다
だいじだ	大事だ	중요하다
たいせつだ	大切だ	소중하다
たいらかだ	平らかだ	평탄하다, 평평하다
たいへんだ	大変だ	대단하다, 힘들다

たからかだ	高らかだ	드높다
たしかだ	確かだ	확실하다, 틀림없다
たくみだ	巧みだ	능숙하다, 교묘하다
だいすきだ	大好きだ	아주 좋아하다
だいきらいだ	大嫌いだ	매우 싫다
だいじょうぶだ	大丈夫だ	괜찮다
だめだ	駄目だ	소용없다, 효과가 없다
ていねいだ	丁寧だ	정중하다
てきとうだ	適当だ	적당하다
とくべつだ	特別だ	특별하다
なごやかだ	和やかだ	온화하다
にぎやかだ	賑やかだ	흥겹다, 시끌시끌하다
ねっしんだ	熱心だ	열심이다
ねんごろだ	懇ろだ	친밀하다, 공손하다
のどかだ	長閑だ	한가롭다
のんきだ	暢気だ	태평하다
はでだ	派手だ	화려하다, 야하다
はなやかだ	華やかだ	화려하다, 눈부시다
はるかだ	遥かだ	아득하다
ひまだ	暇だ	한가하다
ひつようだ	必要だ	필요하다
ふしぎだ	不思議だ	신기하다
ふべんだ	不便だ	불편하다
ふりだ	不利だ	불리하다
へただ	下手だ	서툴다
へんだ	変だ	이상하다
べんりだ	便利だ	편리하다
ふくざつだ	複雑だ	복잡하다
ほがらかだ	朗らかだ	명랑하다
まじめだ	真面目だ	성실하다, 착실하다
まろやかだ	円やかだ	둥그스름하다, 순하다
みじめだ	惨めだ	비참하다
むりだ	無理だ	무리다
りっぱだ	立派だ	훌륭하다
やわらかだ	柔らかだ	유연하다, 포근하다
ゆうめいだ	有名だ	유명하다
ゆかいだ	愉快だ	유쾌하다
ゆるやかだ	緩やかだ	완만하다, 느릿하다
わずかだ	僅かだ	근소하다

Point문형

1 ~は~(월/일/요일)です

今日は金曜日です。

金さんの誕生日は10月4日です。

今年の夏休みは7月10日の水曜日からです。

誕生日(たんじょうび)생일/ 今年(ことし)올해, 금년/ 夏休み(なつやすみ)여름방학 

2 ~から ~まで

昼休みは十二時から一時までです。

今日の授業は一時から五時までです。

郵便局は午前九時から午後五時までです。

午前(ごぜん)오전/ 午後(ごご)오후/ 昼休み(ひるやすみ)점심시간 

3 ~の~(시간・때)にどうですか/いかがですか

今日の午後三時にどうですか。

明日の午後二時にいかがですか。

四月下旬頃の日曜日にどうですか。

下旬(げじゅん)하순 

4 ~(형용동사/명사)なので~です

値段も手頃なのでお勧めです。

明日から試験なので心配です。

まだ小学生なので英語は無理です。

値段(ねだん)가격/ 手頃(てごろ)적당한/ お勧め(おすすめ)추천/ 心配(しんぱい)걱정/
小学生(しょうがくせい)초등학생/ 無理(むり)무리

5 ~でもどうですか

一緒にワインでもどうですか。

今夜一緒に映画でもどうですか。

誕生日のお祝いに食事でもどうですか。

今夜(こんや)오늘밤/ 映画(えいが)영화/ お祝い(おいわい)축하 

---

1. <u>韓国語の科目</u>なので<u>心配</u>です。

❶ 明日から休み、うれしい ❷ クリスマス、街に人が多い

❸ 忙しい時期、大変 ❹ 厳しい先生、怖い

クリスマス(크리스마스)/ 街(まち)번화한 거리/ 時期(じき)시기/ 厳しい(きびしい)엄하다/ 怖い(こわい)무섭다 

---

2. A : <u>試験</u>はいつまでですか。

B : <u>来週の金曜日の6時限目</u>までです。

❶ 休暇、来週の月曜日 ❷ 冬休み、来月の8日

❸ お祭り、あさって ❹ バーゲンセール、来週の日曜日

休暇(きゅうか)휴가/ 冬休み(ふゆやすみ)겨울방학/ 来月(らいげつ)다음달/ お祭り(おまつり)축제/ 
バーゲンセール(바겐세일)

---

3. A : 一緒に<u>食事</u>でもどうですか。

B : いいですね。

❶ お茶 ❷ 旅行

❸ テニス ❹ 釣り

お茶(おちゃ)차/ 旅行(りょこう)여행/ テニス 테니스/ 釣り(つり)낚시 

회화연습 2

来週のスケジュールを話してみましょう。

다음 주의 계획을 아래 표에 기입한 후에, 옆 친구와 서로 그 스케줄에 대해서 이야기 해 봅시다.

月曜日は9時半から3時まで授業があります。

火曜日は11時から4時半まで授業があります。

水曜日は授業がありません。

午後、高校の時の友だちと約束があります。

木曜日から、中間テストです。

週末は9時から5時までアルバイトがあります。

半(はん)반/ 高校(こうこう)고등학교/ 時(とき)때/ 友だち(ともだち)친구/ アルバイト 아르바이트/
約束(やくそく)약속/ 週末(しゅうまつ)주말

月曜日	火曜日	水曜日	木曜日	金曜日	土曜日	日曜日

明　밝을 명

음독 : めい、みょう　　훈독 : あかるい
총획순 : 8획　　一 冂 冂 日 旫 明 明 明

쓰기연습 : 明

明瞭(めいりょう)명료　明晢(めいせき)명석　明暗(めいあん)명암　明確(めいかく)명확

来　올 래

음독 : らい　　훈독 : くる
총획순 : 7획　　一 厂 厂 므 平 来 来

쓰기연습 : 来

来年(らいねん)내왕　来歴(らいれき)내력　往来(おうらい)왕래　将来(しょうらい)장래　伝来(でんらい)전래

心　마음 심

음독 : しん　　훈독 : こころ
총획순 : 4획　　丶 心 心 心

쓰기연습 : 心

心境(しんきょう)심경　心身(しんしん)심신　心気(しんき)심기　心腹(しんぷく)심복　心性(しんせい)심성

中　가운데 중

음독 : ちゅう　　훈독 : なか、うち
총획순 : 4획　　丶 冂 口 中

쓰기연습 : 中

中断(ちゅうだん)중단　中立(ちゅうりつ)중립　中心(ちゅうしん)중심　中央(ちゅうおう)중앙

科　과정 과

음독 : か
총획순 : 9획　　丶 丿 千 禾 禾 禾 禾 科 科

쓰기연습 : 科

科目(かもく)과목　教科(きょうか)교과　歯科(しか)치과　罪科(ざいか)죄과　科学(かがく)과학

ズボン(jupon) 바지

ズボン	ズボン	ズボン	ズボン

コンパ(company) 모임

コンパ	コンパ	コンパ	コンパ

ボタン(button) 버튼

ボタン	ボタン	ボタン	ボタン

レストラン(restaurant) 레스토랑

レストラン	レストラン	レストラン	レストラン

ジャム(jam) 잼

ジャム	ジャム	ジャム	ジャム

TEST 1: 본문을 듣고 질문에 답하시오.

❶ 吉田さんは今日から試験ですか。

⇨ ____________________________________。

❷ 明日は何曜日ですか。

⇨ ____________________________________。

❸ 吉田さんの試験は何科目ですか。

⇨ ____________________________________。

❹ そのうち、何科目が韓国語の試験ですか。

⇨ ____________________________________。

❺ 金さんの日本語の試験は何科目ですか。

⇨ ____________________________________。

❻ 金さんの試験はいつまでですか。

⇨ ____________________________________。

❼ 来週の金曜日は何日ですか。

⇨ ____________________________________。

TEST 2 : 다음 빈 칸에 알맞은 단어를 넣으시오.

❶ 今日は ＿＿＿＿＿＿＿＿ ですか。(무슨 요일)

❷ ＿＿＿＿＿＿＿＿ です。(수요일)

❸ 試験は ＿＿＿＿＿＿＿ ですか。(몇 과목)

❹ ＿＿＿＿＿＿＿ です。(8 과목)

❺ ＿＿＿＿＿＿ の金曜日の ＿＿＿＿＿＿ です。(다음 주, 6시간째)

❻ 明日は ＿＿＿＿＿＿ ですか。(몇 일)

❼ 試験なので ＿＿＿＿＿＿＿＿＿＿＿。(걱정입니다)

❽ 英語なので ＿＿＿＿＿＿＿＿＿＿＿。(큰일입니다)

TEST 3 : 다음 날짜를 ひらがな로 쓰시오.

❶ 4月　8日 ⇨　　　　　　❷ 7月　7日 ⇨

❸ 8月　14日 ⇨　　　　　❹ 9月　24日 ⇨

❺ 10月　20日 ⇨　　　　❻ 3月　1日 ⇨

TEST 4 : 다음 빈 칸에 적당한 조사를 쓰시오.

❶ あさって ＿＿＿＿＿ 試験です。(〜부터)

❷ 木曜日の3時限目 ＿＿＿＿＿＿ です。(〜까지)

❸ 一緒に食事 ＿＿＿＿＿＿ どうですか。(라도)

❹ 明日から休み ＿＿＿＿＿＿＿ うれしいです。(이기 때문에)

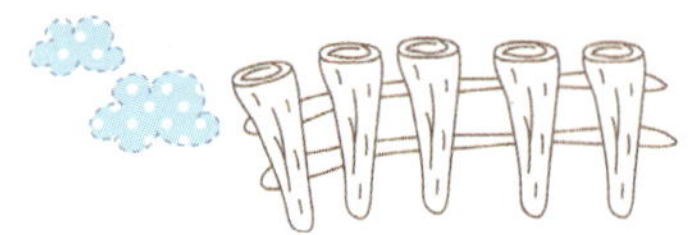

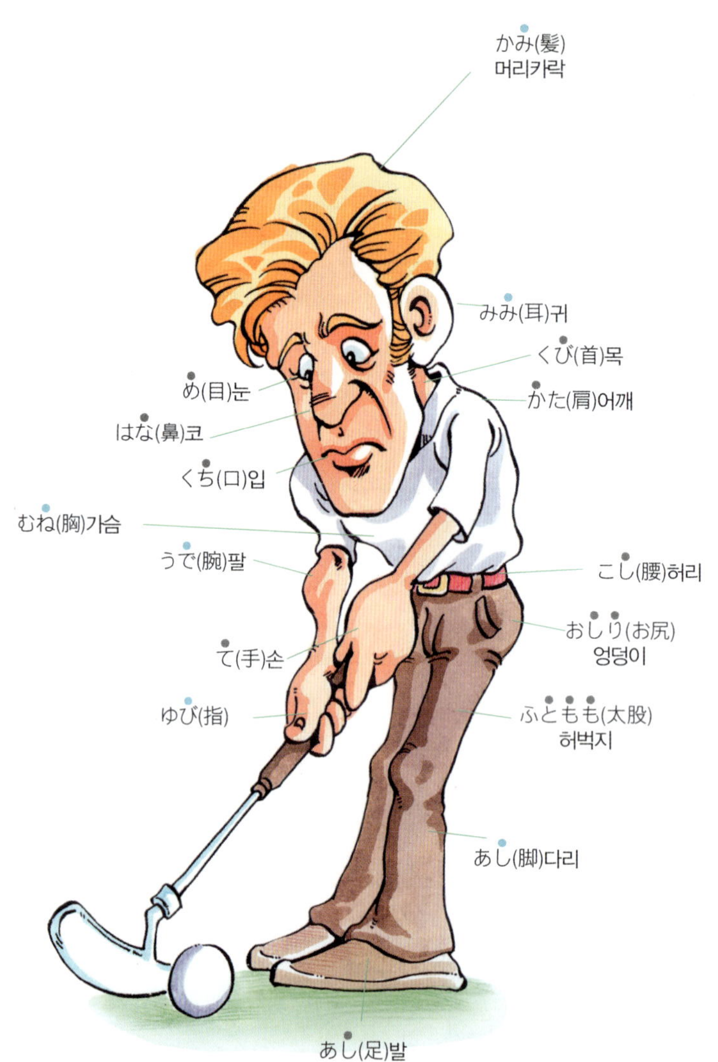

かみ(髪) 머리카락
みみ(耳)귀
くび(首)목
かた(肩)어깨
め(目)눈
はな(鼻)코
くち(口)입
むね(胸)가슴
うで(腕)팔
こし(腰)허리
おしり(お尻) 엉덩이
て(手)손
ゆび(指)
ふともも(太股) 허벅지
あし(脚)다리
あし(足)발

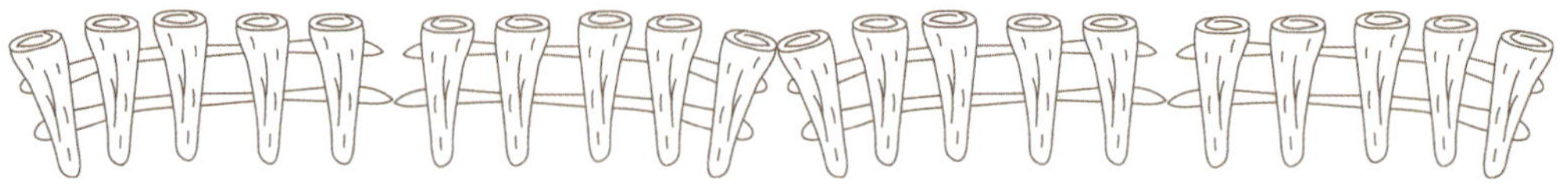

韓国料理が好きです

1 : ～が(好き/嫌い/上手/下手)です   ～를(좋아/싫어/잘/못)합니다.

2 : ～は～にします   ～은/는 ～로 하겠습니다.

3 : ～ですか、～ですか   ～입니까? ～입니까?

4 : ～(형용동사+명사)です   ～입니다.

5 : ～と～と、どちら   ～와/과, ～와/과 어느 쪽

吉田 ： 金さん、今日はとてもおしゃれですね。

金　 ： 吉田さんもジャケットがとても素敵です。

吉田 ： 食事は何がいいですか。

金　 ： 吉田さんは何が好きですか。

吉田 ： 私は韓国料理が好きです。

金　 ： では、ブルゴギはいかがですか。

吉田 ： いいですね。

　　　　私の大好物です。

単語 1

おしゃれだ　멋있다. 멋쟁이다	すてきだ(素敵だ)　멋있다
すきだ(好きだ)　좋아하다, 선호하다	たべもの(食べ物)　먹을 것, 음식
かんこくりょうり(韓国料理)　한국요리	だいこうぶつ(大好物)　아주 좋아하는 음식
ブルゴギ　불고기	

金　：ブルゴギがいいですか、カルビがいいですか。

吉田：ブルゴギがいいです。

金　：それじゃ、ブルゴギにしましょう。

　　　すみません。

　　　ブルゴギを2人前ください。

ウェートレス：はい、かしこまりました。

 単語 2

カルビ　갈비	それじゃ　그럼(접속사)
~にしましょう　~로 합시다	すみません　미안합니다, 실례합니다
ににんまえ(二人前)　2인분	かしこまりました　분부대로 하겠습니다
ウェートレス　웨이트레스(waitress)	

ウェートレス ： お客様、ご注文はお決まりでしょうか。

金　　 ： 吉田さん、ビビンバと冷麺と、どちらが好きですか。

吉田 ： 冷麺も好きですが、今日はビビンバにします。

金　　 ： 私は、冷麺にします。

　　　　 すみません。

　　　　 ビビンバ1つと冷麺1つお願いします。

ウェートレス ： はい、ビビンバ1つと冷麺1つですね。

　　　　 (しばらく待つ)

　　　　 お待たせ致しました。

吉田 ： わあ、うまい。

金　　 ： おいしいですか。

吉田 ： やっぱり韓国料理はうまいですね。

単語 3

おきゃくさま(お客様)　손님(さま는 さん의 높임말)	ご　미화어, 존경어(한자말에 붙임)
ちゅうもん(注文)　주문	きまり(決まり)　결정
~でしょうか　~일까요	ビビンバ　비빔밥
れいめん(冷麺)　냉면	~が　~만, (접속조사)
ひとつ(1つ)　하나, 한개	しばらく　잠시, 잠깐
まつ(待つ)　기다리다	おねがいします(お願いします)　부탁합니다
おまたせいたしました(お待たせ致しました)　많이 기다리셨습니다.	
わあ　와~(감탄사)	うまい　①맛있다, ②잘한다, 솜씨 있다
おいしい(美味しい)　맛있다	やっぱり　역시

6 : 1

食事は何がいいですか。

　「食事」는 외국어를 일본어로 번역하는 과정에서 만들어진 한자어이다. 참고로 우리나라에서 일반적으로 사용되는 「식당」은 일본에서는 「学生食堂, 社員食堂」처럼 한정되어 쓰여 진다. 일본의 식당이나 가게를 말 할 때는 「～屋」를 붙여 사용한다.

　　例　寿司屋(초밥 집), そば屋(메밀국수집), ラーメン屋(라면집), 本屋(책방)
　　　　魚屋(생선가게), 花屋(꽃가게), 飲み屋(술집), 八百屋(야채가게)

吉田さんは何が好きですか。

　감정 형용동사인 「好きだ/嫌いだ」는 반드시 「が+すきだ/が+きらいだ」의 형태가 된다. 해석할 때도 「が」는 「을, 를」로 해석해야 한다.

6 : 2

ブルゴギがいいですか、カルビがいいですか。

　둘 중의 하나 를 선택하거나 불확실한 추측을 나타낼 때 사용한다.

それじゃ、ブルゴギにしましょう。

① 접속사로 「それでは」와 같은 의미로 쓰이나 「それじゃ」쪽이 가벼운 느낌을 준다. 우리말의 「그럼, 그러면」에 해당하는 이 말도 「じゃ」는 「では」, 「それじゃ」는 「それでは」의 순으로 격식을 차린 표현이 된다.

② 몇 가지의 선택 사항 중에서 의도적으로 어떤 한 쪽을 선택하여 결정할 경우에 사용한다.

すみません。

　이 문장에서는 「여보세요」로 쓰였지만, 「すみません」은 문맥에 따라 의미가 달라진다.

　　例　A : これ日本のお土産です。(이거 일본에서 사온 선물입니다)
　　　　B : どうもすみません。(아 고맙습니다)
　　　　A : すみません、財布落としましたよ。(여보세요, 지갑을 떨어뜨렸는데요)
　　　　B : あ、どうもありがとうございます。(아, 정말 감사합니다)

A：これからは約束に遅れないで下さい。（앞으로는 약속시간에 늦지 말았으면 합니다）

B：どうも**すみませんでした**。（정말 죄송합니다）

はい。**かしこまりました**。

「わかりました」의 정중 표현이다. 손님에게 주문을 받았을 때나, 부탁을 받았을 경우에 사용한다. 존경의 정도는 약하지만「承知致しました」도 서비스 용어로서 자주 사용된다. 주의할 점은「かしこまりました」와「承知致しました」의 시제는 항상 과거형이라는 것이다.

6 : 3

お客様^①、ご注文はお決まりでしょうか^②。

❶ 「さん」보다는 정중하지만 일반적으로는 잘 사용되지 않으며, 신분이 높은 특수 계층이나 서비스업계에서 손님에게 사용하는 정도이다.

❷ 「확인」과「추측」의 두 가지의 의미가 있으며, 상대방의 의견을 존중 하여 부드럽게 묻는 표현법중의 하나이다.

 例 ご注文は以上でよろしいでしょうか。（주문은 이상으로 괜찮겠습니까）
  あのお酒はいくらでしょうか。（저 술은 얼마입니까）

吉田さん、ビビンバと冷麺と、どちらが好きですか。

지시대명사 중 방향을 나타내는 대명사로서 두 개 중 하나를 선택할 때 사용한다. 세 개 이상은「どれ」를 사용한다.

 例 半熟と完熟とどちらになさいますか。（반숙과 완숙 어느 쪽으로 하시겠습니까）
  コーヒーと紅茶と人参茶がございますが、どれになさいますか。
  （커피와 홍차와 인삼차가 있습니다만 어느 쪽으로 하시겠습니까）

ビビンバ1つと冷麺1つお願いします。

일본고유 수사로서, 사물과 사람의 나이 등을 셀 때 사용한다. 우리말 하나에 해당한다. 나이는 열 살까지로 제한되어 쓰여 진다.

하나	둘	셋	넷	다섯	여섯	일곱	여덟	아홉	열
ひとつ 一つ	ふたつ 二つ	みっつ 三つ	よっつ 四つ	いつつ 五つ	むっつ 六つ	ななつ 七つ	やっつ 八つ	ここのつ 九つ	とお 十

お待たせ致しました。

　기다리는 시간의 장・단에 관계없이 사용하는 인사말이다.「お待ちどおさまでした」도 같은 뜻으로 사용되지만,「お待たせ致しました」쪽이 더 공손한 표현이다.

수사도표

한자음	いち 一	に 二	さん 三	し／よん 四	ご 五	ろく 六	しち／なな 七	はち 八	きゅう／く 九	じゅう 十
조류	いちわ 一羽	にわ 二羽	さんば 三羽	よんわ 四羽	ごわ 五羽	ろっぱ 六羽	ななわ 七羽	はっぱ 八羽	きゅうわ 九羽	じゅっぱ 十羽
층(건물)	いっかい 一階	にかい 二階	さんかい 三階	よんかい 四階	ごかい 五階	ろっかい 六階	ななかい 七階	はっかい 八階	きゅうかい 九階	じゅっかい 十階
년(해)	いちねん 一年	にねん 二年	さんねん 三年	よねん 四年	ごねん 五年	ろくねん 六年	しちねん 七年	はちねん 八年	きゅうねん 九年	じゅうねん 十年
나이	いっさい 一才	にさい 二才	さんさい 三才	よんさい 四才	ごさい 五才	ろくさい 六才	ななさい 七才	はっさい 八才	きゅうさい 九才	じゅっさい 十才
작은 동물 생선	いっぴき 一匹	にひき 二匹	さんびき 三匹	よんひき 四匹	ごひき 五匹	ろっぴき 六匹	ななひき 七匹	はっぴき 八匹	きゅうひき 九匹	じゅっぴき 十匹
잔 그릇	いっぱい 一杯	にはい 二杯	さんばい 三杯	よんはい 四杯	ごはい 五杯	ろっぱい 六杯	ななはい 七杯	はっぱい 八杯	きゅうはい 九杯	じゅっぱい 十杯
기계류	いちだい 一台	にだい 二台	さんだい 三台	よんだい 四台	ごだい 五台	ろくだい 六台	ななだい 七台	はちだい 八台	きゅうだい 九台	じゅうだい 十台
사람	ひとり 一人	ふたり 二人	さんにん 三人	よにん 四人	ごにん 五人	ろくにん 六人	しちにん 七人	はちにん 八人	きゅうにん 九人	じゅうにん 十人
명(사람)	いちめい 一名	にめい 二名	さんめい 三名	よんめい 四名	ごめい 五名	ろくめい 六名	ななめい 七名	はちめい 八名	きゅうめい 九名	じゅうめい 十名
숙박	いっぱく 一泊	にはく 二泊	さんぱく 三泊	よんぱく 四泊	ごはく 五泊	ろっぱく 六泊	ななはく 七泊	はっぱく 八泊	きゅうはく 9泊	じゅっぱく 十泊
큰 동물	いっとう 一頭	にとう 二頭	さんとう 三頭	よんとう 四頭	ごとう 五頭	ろくとう 六頭	ななとう 七頭	はっとう 八頭	きゅうとう 九頭	じゅっとう 十頭
번	いちばん 一番	にばん 二番	さんばん 三番	よんばん 四番	ごばん 五番	ろくばん 六番	ななばん 七番	はちばん 八番	きゅうばん 九番	じゅうばん 十番
책(권)	いっさつ 一冊	にさつ 二冊	さんさつ 三冊	よんさつ 四冊	ごさつ 五冊	ろくさつ 六冊	ななさつ 七冊	はっさつ 八冊	きゅうさつ 九冊	じゅっさつ 十冊

Point문형

1 ～が(好きだ/嫌いだ/上手だ/下手だ)です

僕はサシミが嫌いです。
私はスシがとても好きです。
金さんはテニスが上手です。

サシミ 회/ スシ 초밥/ テニス 테니스/ 僕(ぼく)나/저 

2 ～は～にします

私はコーヒーにします。
飲み物は何にしますか。
デザートは何にしますか。

コーヒー 커피/ 飲み物(のみもの)음료수/ デザート(디저트) 

3 ～ですか、～ですか

これはボールペンですか、鉛筆ですか。
焼き肉が好きですか、ステーキが好きですか。
好きなスポーツは野球ですか、サッカーですか。

焼き肉(やきにく)불고기/ ステーキ(스테이크)/ スポーツ 스포츠/ 野球(やきゅう)야구/ サッカー(축구) 

4 ～(형용동사+명사)です

彼女はきれいな人です。
ここは静かなところです。
韓国大学は有名な大学です。

彼女(かのじょ)그녀/ ところ 곳, 장소 

5 ～と～と、どちら

コーヒーとお茶と、どちらにしますか。
韓国と日本と、どちらが大きいですか。
納豆とチョングッジャンと、どちらのほうがおいしいですか。

チョングッジャン 청국장 

1. A ：田中さんは何が好きですか。

B ：私は韓国料理が好きです。

❶ 金さん、キムチチゲ   ❷ 佐藤さん、ハンバーグ

❸ 小林さん、お寿司   ❹ バクさん、ピザ

❺ カンさん、日本酒   ❻ イーさん、ぶどう

キムチチゲ 김치찌개/ ハンバーグ 햄버그/ お寿司(おすし)초밥/ ピザ 피자/ 日本酒(にほんしゅ)일본 술/
ぶどう 포도

2. A ：食事は何にしますか。

B ：ビビンバにします。

❶ 飲み物、コーヒー   ❷ 明日の朝ごはん、パン

❸ お酒、ビール   ❹ 乗り物、飛行機

❺ 誕生日のプレゼント、財布   ❻ 果物、ぶどう

朝ごはん(あさごはん)아침밥/ パン 빵/ お酒(おさけ)술/ ビール 맥주/ 乗り物(のりもの)탈 것/
飛行機(ひこうき)비행기/ プレゼント 선물, 일/ 財布(さいふ)지갑/ 果物(くだもの)과일

3. A ：ビビンバと冷麺とどちらが好きですか。

B ：ビビンバのほうが好きです。

❶ コーヒー、紅茶、好き   ❷ 肉、魚、好き

❸ 田中さん、小林さん、背が高い   ❹ 光州市、大田市、大きい

❺ 青いの、黒いの、いい   ❻ 妹、弟、かわいい

光州市(クァンジュシ)광주시/ 大田市(デジョンシ)대전시/ 妹(いもうと)여동생/ 弟(おとうと)남동생/
ほう 쪽/ 紅茶(こうちゃ)홍차/ 肉(にく)고기/ 背(せ)키

どんな音楽が好きですか。

아래 표를 참고로 하여 친구가 어떤 것을 좋아하는지 물어봅시다.

A ： どんな音楽が好きですか。

B ： クラシックが好きです。

音楽			
スポーツ			
映画			
食べ物			
飲み物			
お酒			

どんな 어떤/ 音楽(おんがく)음악/ クラシック 클래식/ ロック 록/ バラード 발라드/
ラブコメディー 러브 코미디/ アクション 액션/ 日本料理(にほんりょうり)일식/ ホラー 호러/
洋食(ようしょく)양식/ コーラ 콜라/ オレンジジュース 오렌지 쥬스/ ビール 맥주/
焼酎(しょうちゅう)소주/ カクテル 칵테일

食	음독：しょく　　　　훈독：くう、たべる
먹을 식	총획순：9획　　ノ 人 人 今 今 今 食 食 食 쓰기연습：食

食器(しょっき)식기　食道(しょくどう)식도　食糧(しょくりょう)식량　食事(しょくじ)식사　食欲(しょくよく)식욕

好	음독：こう　　　　훈독：よい、すき
좋을 호	총획순：6획　　く 女 女 女 好 好 쓰기연습：好

好感(こうかん)호감　好奇心(こうきしん)호기심　好色(こうしょく)호색　好転(こうてん)호전　好況(こうきょう) 호황

工	음독：こう、く　　　훈독：たくみ
장인 공	총획순：3획　　一 丁 工 쓰기연습：工

工場(こうじょう)공장　工具(こうぐ)공구　工事(こうじ)공사　工業(こうぎょう)공업　工芸(こうげい)공예

料	음독：りょう　　　　훈독：
헤아릴 료	총획순：10획　　丶 丷 二 半 米 米 米 料 料 料 쓰기연습：料

料金(りょうきん)요금　料理 (りょうり)요리　給料(きゅうりょう)급료　無料(むりょう)무료　材料(ざいりょう)재료

客	음독：きゃく　　　　훈독：
손 객	총획순：9획　　丶 宀 宀 宏 安 安 客 客 쓰기연습：客

上客(じょうきゃく)승객　客死(きゃくし)객사　客席(きゃくせき)객석　客員(きゃくいん)객원　客室(きゃくしつ)객실

● オート(auto) 자동

| オート | オート | オート | オート |

● ケーキ(cake) 케익

| ケーキ | ケーキ | ケーキ | ケーキ |

● コート(coat) 코트

| コート | コート | コート | コート |

● セール(sale) 세일

| セール | セール | セール | セール |

● イメージ(image) 이미지

| イメージ | イメージ | イメージ | イメージ |

실력체크

TEST 1: 본문을 듣고 질문에 답하시오.

❶ 吉田さんは韓国料理が好きですか。

⇨ ____。

❷ 吉田さんの大好物は何ですか。

⇨ ____。

❸ 吉田さんは、冷麺はすきですか。

⇨ ____。

❹ 吉田さんはビビンバにしましたか。

⇨ ____。

TEST 2: 다음 빈 칸에 알맞은 표현을 쓰시오.

❶ 食事は何が _________________________。(좋습니까)

❷ 飲み物は何が _________________________。(좋아합니까)

❸ 冷麺は _________________________。(어떻습니까)

❹ 寿司に _________________________。(합시다)

❺ しゃぶしゃぶ二人前 _________________________。(부탁합니다) ＊しゃぶしゃぶ 샤브샤브

TEST 3 : 다음 형용사의 부정형을 쓰시오.

❶ カレーが好きです。　　　⇨　カレーは ＿＿＿＿＿＿＿＿＿＿。 ＊カレー 카레라이스

❷ 店の人は親切です。　　　⇨　店の人は ＿＿＿＿＿＿＿＿＿＿。 ＊親切だ(친절하다)

❸ 金さんの部屋はきれいです。　⇨　＿＿＿＿＿＿＿＿＿＿＿＿＿。 ＊きれいだ(깨끗하다)

❹ カルビはうまいです。　　　⇨　＿＿＿＿＿＿＿＿＿＿＿＿＿。

❺ 佐藤さんはまじめです。　　⇨　＿＿＿＿＿＿＿＿＿＿＿＿＿。 ＊まじめだ(성실하다)

❻ 大変です。　　　　　　　⇨　＿＿＿＿＿＿＿＿＿＿＿＿＿。

❼ 心配です。　　　　　　　⇨　＿＿＿＿＿＿＿＿＿＿＿＿＿。

TEST 4 : 다음 단어를 ひらがな로 쓰시오.

❶ 食事　＿＿＿＿＿＿＿＿

❷ 注文　＿＿＿＿＿＿＿＿

❸ 韓国料理　＿＿＿＿＿＿＿＿

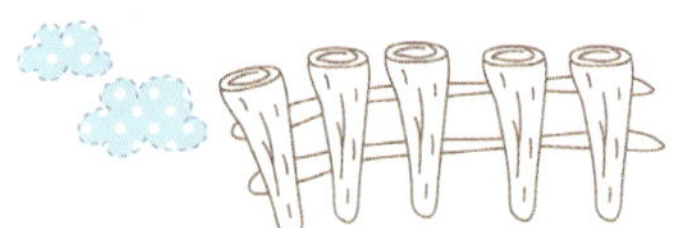

ハンバーガー
햄버거

ピザ
피자

オムライス
오므라이스

カレーライス
카레라이스

かつどん(カツ丼)
돈까스 덮밥

すし(寿司)
생선초밥

てんぷら(天ぷら)
튀김

もりそば
모밀국수

うどん
우동

ステーキ
스테이크

しゃぶしゃぶ
샤브샤브

ごはん(ご飯)
밥

れいめん(冷麺)
냉면

パスタ
파스타

ぎょうざ(餃子)
만두

おにぎり
주먹밥

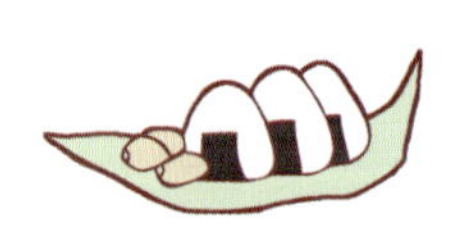

サラダ
샐러드

ビール
맥주

コーヒー
커피

ケーキ
케이크

写真を一枚 どうですか

---

1 : ~(동사)ます　~습니다.

2 : ~(동사)ません/ませんでした　~지 않습니다/지 않았습니다.

3 : ~(동사의 ます형)たい　~하고 싶다.

4 : ~で(장소/한정)　~에서/서

5 : ~から(이유)　~기 때문에

金　　：吉田さん、金曜日にお時間ありますか。

吉田　：金曜日は少し忙しいです。

金　　：では、土曜日はどうですか。

吉田　：予定はありませんが、どうしてですか。

金　　：私の友達を紹介したいのですが。

吉田　：じゃあ、どこで会いましょうか。

単語 1

じかん(時間)　시간	ある(有る)　있다
~ます　~합니다(조동사)	すこし(少し)　조금, 약간
いそがしい(忙しい)　바쁘다	よてい(予定)　예정
どうして　어째서	ともだち(友達)　친구
しょうかい(紹介)する　소개하다	~たい　~싶다(조동사)
~で　~에서(조사)	あう(会う)　만나다

金　　：吉田さん、こっちです。

吉田　：あ、お待たせしました。

金　　：こちらが、私の友達です。

吉田　：はじめまして。

　　　　吉田ともうします。

朴　　：朴ジョンヒです。

　　　　どうぞよろしく。

吉田　：日本語がとても上手ですね。

朴　　：いいえ、まだまだです。

こっち	이쪽, 여기	あ	아~(감탄사)
おまたせ(お待たせ)	기다리게 함	する	하다
~と	~라고(조사)	もうす(申す)	말하다"의 겸양어
パク(朴)ジョンヒ	박 정희(사람 이름)	じょうずだ(上手だ)	능숙하다, 잘하다
まだ	아직		

金　　：わあ、かわいいウサギさん。

吉田　：カメラがありますから、写真を1枚どうですか。

金　　：それじゃ、ジョンヒと2人でお願いします。

吉田　：はい、チーズ。

朴　　：吉田さんもジヘと一緒に、どうぞ。

　　　　はい、キムチ。

単語 3

ウサギ　토끼	カメラ　카메라(camera)
~から　~니까, ~므로(조사)	しゃしん(写真)　사진
いちまい(一枚)　한 장	ふたり(二人)　두 사람
チーズ　치즈(cheese)	キムチ　김치

吉田さん、金曜日にお時間あり①ます②か。

❶ 원형은 「ある」로 5단 동사이다. 동사는 5가지가 있고 모든 동사는 어미가 「う」단으로 끝난다.

  1: 5단 활용 동사(1류 동사)

  ＊어미가 「う」단의 「う, く, ぐ, す, つ, ぬ, ぶ, む, る」로 끝난다.

   예 いう(말하다)　いく(가다)　たつ(서다)　あそぶ(놀다)

  ＊「る」의 앞 음이 「あ, う, お」단이면 5단 활용동사이다.

   예 あずかる(맡다)　おくる(보내다)　いのる(기원하다)

  2: 상1단 활용 동사(2류 동사)

  ＊어미 「る」앞의 음이 「い」단이면 상1단 활용 동사이다.

   예 みる(보다)　きる(입다)　おきる(일어나다)　いる(있다)

   하1단 활용 동사(2류 동사)

  ＊어미 「る」앞의 음이 「え」단이 오면 하1단 활용 동사이다.

   예 いれる(넣다)　たべる(먹다)　たてる(세우다)

  3: か행 변격 활용 동사(3류 동사)

   くる(오다)

   さ행 변격 활용 동사(3류 동사)

   する(하다)

❷ 「ある」에 「ます」가 접속된 형태로 「ます」는 항상 동사에만 접속되는 조동사이다.

   ＊5단동사는 어미를 「い단」으로 바꾸고 「ます」를 접속

    예 よむ → よみます
     あそぶ → あそびます

   ＊상・하 1단동사는 「る」를 떼버리고 「ます」를 접속

    예 たべる → たべます
     おきる → おきます

   ＊변격동사의 접속

    예 くる → きます
     する → します

私の<ruby>友達<rt>①</rt></ruby>を<ruby>紹介<rt>②</rt></ruby>し<ruby>た<rt>③</rt></ruby>いのです<ruby>が<rt>④</rt></ruby>。

❶ 「친구」의 의미로, 「達」은 복수를 나타내는 「たち」가 아니라 「だち」로 읽는 것에 주의한다.

❷ 「紹介+する」의 형태로, 명사를 동사화한 것이다. 「する동사」를 만드는 방법은 「동작성 명사+する」이다.

> 예 <ruby>結婚<rt>けっこん</rt></ruby>する(결혼하다)　<ruby>勉強<rt>べんきょう</rt></ruby>する(공부하다) ……

❸ 화자의 희망을 나타내는 조동사로 접속은 다음과 같다.

> ＊5단동사는 어미를 「い단」으로 바꾸고 「たい」를 접속
> 예 <ruby>私<rt>わたし</rt></ruby>も<ruby>一緒<rt>いっしょ</rt></ruby>に<ruby>行<rt>い</rt></ruby>きたいです。(저도 함께 가고 싶습니다)

> ＊상·하 1단동사는 「る」를 떼어 버리고 「たい」를 접속
> 예 <ruby>明日<rt>あした</rt></ruby>は<ruby>早<rt>はや</rt></ruby>く<ruby>家<rt>うち</rt></ruby>を<ruby>出<rt>で</rt></ruby>たいです。(내일은 일직 집을 나가고 싶습니다)
> 　お<ruby>寿司<rt>す し</rt></ruby>が<ruby>食<rt>た</rt></ruby>べたいです。(초밥을 먹고 싶습니다)

> ＊변격동사인 「くる・する」의 접속
> 예 くる → きたい　　する → したい

❹ 뒤에 오는 문장을 생략할 때 쓰는 표현 기법 중의 하나이다. 일본인들은 단정을 하면 상대방에게 실례가 된다고 생각하기 때문에 말끝을 흐리는 경향이 있다.

7 : 2

<ruby>吉田<rt></rt></ruby>さん、こっちです。

　방향을 나타내는 「こちら」의 속어적 표현이다. 주로 친한 사이에 사용된다.

7 : 3

カメラがあります<ruby>から<rt>①</rt></ruby>、写真を1<ruby>枚<rt>②</rt></ruby>どうですか。

❶ 「から」는 원인·이유를 나타내는 조사이다. 용언에 접속될 때는 원형과 활용형에 접속된다.

❷ 얇은 종이나 천 종류를 셀 때 사용하는 수사이다.

한 장	두 장	세 장	네 장	다섯 장	여섯 장	일곱 장	여덟 장	아홉 장	열 장
いちまい	にまい	さんまい	よんまい	ごまい	ろくまい	ななまい	はちまい	きゅうまい	じゅうまい
一枚	二枚	三枚	四枚	五枚	六枚	七枚	八枚	九枚	十枚

ジョンヒと2人でお願いします。

앞에 오는 수사를 한정하는 용법으로 쓰인다.

예) 僕 一人でやります。(저 혼자서 하겠습니다)

このりんご全部でおいくらですか。(이 사과는 전부 얼마입니까)

あう	会う	만나다
あける	開ける	열다
あそぶ	遊ぶ	놀다
あらう	洗う	씻다
あるく	歩く	걷다
あげる	上げる	올리다
あく	開く	열리다
ある	有る	(사물이)있다
あう	合う	합치다
いう	言う	말하다
いく	行く	가다
いる	居る	(사람, 동물이)있다
いる	要る	필요하다
いれる	入れる	넣다
うたう	歌う	노래하다
うまれる	生まれる	태어나다
うる	売る	팔다
おわる	終わる	끝나다
おぼえる	覚える	외우다
おしえる	教える	가르치다
おきる	起きる	일어나다
おりる	降りる	(차에서)내리다
かう	買う	사다
かえる	帰る	돌아가다, 돌아오다
かかる		(시간・비용이)걸리다
かく	書く	쓰다
きく	聞く	듣다
きる	着る	입다
きる	切る	자르다, 끊다
くる	来る	오다
こたえる	答える	답하다
さく	咲く	피다
しぬ	死ぬ	죽다
しまる	閉まる	닫히다
しめる	閉める	닫다
すむ	住む	살다
する		하다
すわる	座る	앉다
たべる	食べる	먹다

たのむ	頼む	부탁하다
たつ	立つ	서다
ちがう	違う	다르다
つかう	使う	사용하다
つかれる	疲れる	피곤하다
つく	着く	도착하다
つくる	作る	만들다
でる	出る	나오다
でかける	出かける	외출하다
できる	出来る	가능하다
とぶ	飛ぶ	날다
とまる	止まる	멈추다, 서다
とる	取る	취하다
なく	鳴く	울다
ならう	習う	배우다
ならぶ	並ぶ	줄서다, 늘어서다
ならべる	並べる	진열하다, 늘어놓다
なる	成る	되다
ぬぐ	脱ぐ	벗다
ねる	寝る	자다
のぼる	登る	(산등을)오르다
のむ	飲む	마시다
のる	乗る	타다
はいる	入る	들어가다
はく	履く	신다, 입다
はしる	走る	달리다
はなす	話す	이야기하다
はたらく	働く	일하다
はじまる	始まる	시작되다
ふる	降る	(비가)내리다
ふく	吹く	불다
まつ	待つ	기다리다
みせる	見せる	보이다
みる	見る	보다
もつ	持つ	가지다
やすむ	休む	쉬다
よむ	読む	읽다
わかる	分かる	알다
わすれる	忘れる	잊다

구분	현 재		과 거	
	긍 정	부 정	긍 정	부 정
보통	おきる (일어나다) たべる (먹다)	おきない (일어나지 않다) たべない (먹지 않다)	おきた (일어났다) たべた (먹었다)	おきなかった (일어나지 않았다) たべなかった (먹지 않았다)
정중	おきます (일어납니다) たべます (먹습니다)	おきないです おきません (일어나지 않습니다) たべないです たべません (먹지 않습니다)	おきました (일어났습니다) たべました (먹었습니다)	おきなかったです おきませんでした (일어나지 않았습니다) たべなかったです たべませんでした (먹지 않았습니다)

구분	현 재		과 거	
	긍 정	부 정	긍 정	부 정
보통	くる (오다) する (하다)	こない (오지 않는다) しない (하지 않는다)	きた (왔다) した (했다)	こなかった (오지 않았다) しなかった (하지 않았다)
정중	きます (옵니다) します (합니다)	こないです きません (오지 않습니다) しないです しません (하지 않습니다)	きました (왔습니다) しました (했습니다)	こなかったです きませんでした (오지 않았습니다) しなかったです しませんでした (하지 않았습니다)

구분		현재		과거	
		긍정	부정	긍정	부정
5단동사	보통	よむ (읽다)	よまない (읽지 않는다)	よんだ (읽었다)	よまなかった (읽지 않았다)
	정중	よみます (읽습니다)	よまないです よみません (읽지 않습니다)	よみました (읽었습니다)	よまなかったです よみませんでした (읽지 않았습니다)
예외5단동사	상1단형태 보통	かえる (돌아가다)	かえらない (돌아가지 않다)	かえった (돌아갔다)	かえらなかった (돌아가지 않았다)
	상1단형태 정중	かえります (돌아갑니다)	かえらないです かえりません (돌아가지 않습니다)	かえりました (돌아갔습니다)	かえらなかったです かえりませんでした (돌아가지 않았습니다)
	하1단형태 보통	へる (줄다)	へらない (줄지 않는다)	へった (줄었다)	へらなかった (줄지 않았다)
	하1단형태 정중	へります (줄어듭니다)	へらないです へりません (줄지 않습니다)	へりました (줄었습니다)	へらなかったです へりませんでした (줄지 않았습니다)
특수5단동사	보통	くださる (주시다)	くださらない (주시지 않는다)	くださった (주셨다)	くださらなかった (주시지 않았다)
	정중	くださいます (주십니다)	くださらないです くださいません (주시지 않습니다)	くださいました (주셨습니다)	くださらなかったです くださいませんでした (주시지 않았습니다)

Point문형

1　～(동사)～ます

ご飯を食べます。
手紙を書きます。
会社に行きます。

手紙(てがみ)편지 

2　～(동사)～ません/ませんでした

私は肉類は食べません。
私はあまり映画は見ません。
今月はあんまり本を読みませんでした。

今月(こんげつ)이번 달/ 肉類(にくるい)육류 

3　～(동사의 ます형)～たい

友達とプールで泳ぎたいです。
日曜日には鶏龍山に登りたいです。
今日の夕飯はキムチ鍋が食べたいです。

プール 풀장/ 鶏龍山(ゲリョンサン)계룡산/ 泳ぐ(およぐ)수영하다/ 登る(のぼる)오르다/ 
夕飯(ゆうはん)저녁밥/ 鍋(なべ)냄비

4　～で(장소/한정)

市内で朴さんに会いました。
一人で引っ越しの荷造りをしました。
昨日は友達と二人で川で釣りをしました。

一人(ひとり)혼자, 한 사람/ 川(かわ)강/ 引っ越し(ひっこし)이사/ 
荷造り(にづくり)짐꾸리기

5　～から(이유/원인)

今日は休日だから銀行は休みです。
私も食べますからもう一つお願いします。
この問題は難しいから先生に聞いてみましょう。

休日(きゅうじつ)휴일/ もう 더, 더욱/ 問題(もんだい)문제

---

1. A ：田中さんは小説をよく読みますか。

B1：はい、よく読みます。

B2：いいえ、あまり読みません。

---

❶ 金さん、音楽、聞く   ❷ イーさん、歌、歌う

❸ 佐藤さん、映画、見る   ❹ 小林さん、運動、する

❺ ファンさん、ゲーム、する   ❻ カンさん、お酒、飲む

小説(しょうせつ)소설/ ファン 황, 사람의 성/ よく 자주/ あまり~ない 그다지~않다/ 歌(うた)노래/ 
歌う(うたう)부르다/ 運動(うんどう)운동/ ゲーム 게임

---

2. A ：どこで会いましたか。

B ：大学で会いました。

---

❶ 勉強する、図書館   ❷ 話す、喫茶店

❸ 遊ぶ、公園   ❹ 買う、デパート

❺ 働く、会社   ❻ 食べる、レストラン

喫茶店(きっさてん)찻집/ 公園(こうえん)공원/ デパート 백화점/ レストラン 레스토랑 

---

3. A ：どんな料理が(を)食べたいですか。

B ：私は韓国料理が(を)食べたいです。

---

❶ 飲み物、飲む、オレンジジュース   ❷ 映画、見る、ラブストーリー

❸ 音楽、聞く、クラシック   ❹ スポーツ、する、テニス

❺ 本、読む、推理小説   ❻ 番組、見る、ドラマ

推理小説(すいりしょうせつ)추리 소설/ 番組(ばんぐみ)TV프로/ ドラマ 드라마

日課を書いて発表してみましょう。

각자 아래 보기와 같이 일과를 쓰고 그것을 발표해 봅시다. 발표한 내용에 대해서 선생님이 다른 학생들에게 질문을 합니다.

〈보기〉

私の日課
私は毎朝7時に起きます。
それから、顔を洗います。
7時半頃ご飯を食べます。
8時10分にバスで大学へ行きます。
授業は9時半から3時までです。
授業の後、図書館で友だちと勉強します。
6時頃家に帰ります。
7時頃晩ごはんを食べます。
それから少しテレビを見ます。
1時間くらいゲームをします。
12時に寝ます。

日課(にっか)일과/ 毎朝(まいあさ)매일 아침/ それから 그리고 나서/ くらい 정도/
起きる(おきる)일어나다/ 顔を洗う(かおをあらう)세수하다/ 寝る(ねる)잠자다

定

음독 : てい　　　　훈독 : さだめる
총획순 : 8획　　`ヽ ゙ ゙ ヴ 宁 宇 定 定`

쓰기연습 定

정할 정

定期(ていき)정기　定規(じょうぎ)자　定説(ていせつ)정설　定式(ていしき)정식　定員(ていいん)정원

友

음독 : ゆう　　　　훈독 : とも
총획순 : 4획　`一 ナ 方 友`

쓰기연습 友

벗 우

友邦(ゆうほう)우방　友愛(ゆうあい)우애　友人(ゆうじん)친구　友好(ゆうこう)우호　友情(ゆうじょう)우정

上

음독 : じょう　　　　훈독 : うえ、あがる、のぼる
총획순 : 3획　`丨 卜 上`

쓰기연습 上

위 상

上客(じょうきゃく)승객　上納(じょうのう)상납　上訴(じょうそ)상소　上昇(じょうしょう)상승　上下(じょうげ)상하

下

음독 : か、げ　　　　훈독 : した、さがる、くだる
총획순 : 3획　`一 丁 下`

쓰기연습 下

아래 하

下降(かこう)하강　下落(げらく)하락　落下(らっか)낙하　下宿(げしゅく)　下旬(げじゅん)　下向(げこう)하향

写

음독 : しゃ　　　　훈독 : うつす
총획순 : 6획　`ヽ 冖 冖 写 写`

쓰기연습 写

베낄 사

写真(しゃしん)사진　描写(びょうしゃ)묘사　写本(しゃほん)사본　転写(てんしゃ)전사　写(ふくしゃ)복사

チーズ(cheese) 치즈

| チーズ | チーズ | チーズ | チーズ |

フード(food) 음식

| フード | フード | フード | フード |

ルーツ(roots) 뿌리

| ルーツ | ルーツ | ルーツ | ルーツ |

ゴール(goal) 골

| ゴール | ゴール | ゴール | ゴール |

ビール(bier) 맥주

| ビール | ビール | ビール | ビール |

실력체크

TEST 1： 본문을 듣고 질문에 답하시오.

❶ 吉田さんは金曜日に時間がありますか。

⇨ ____ 。

❷ 朴さんは日本語が上手ですか。

⇨ ____ 。

❸ 朴さんは吉田さんの友達ですか。

⇨ ____ 。

❹ 朴さんはだれと一緒に写真を撮りましたか。　＊撮る 찍다

⇨ ____ 。

❺ 吉田さんはだれと一緒に写真を撮りましたか。

⇨ ____ 。

TEST 2： 다음 문장의 빈 칸에 적당한 조사를 쓰시오.

❶ 週末に私の友達(　　　)紹介したいのですが。

❷ 日本語(　　)とても上手ですね。

❸ それじゃ、ジョンヒ(　　)二人(　　)お願いします。

❶ A : 金曜日は少し忙しいです。

　 B : では、土曜日は ＿＿＿＿＿＿＿＿＿＿＿＿＿。

❷ A : こちらが私の友達です。

　 B : ＿＿＿＿＿＿＿＿＿＿＿ 田中ともうします。

❸ A : 日本語が上手ですね。

　 B : いいえ ＿＿＿＿＿＿＿＿＿＿＿＿＿＿。

TEST 4 : 다음 동사의 ます형을 쓰시오.

❶ ⇨ ＿＿＿＿＿＿＿＿＿＿＿＿＿＿＿＿＿＿＿

❷ ⇨ ＿＿＿＿＿＿＿＿＿＿＿＿＿＿＿＿＿＿＿

❸ ⇨ ＿＿＿＿＿＿＿＿＿＿＿＿＿＿＿＿＿＿＿

❹ ⇨ ＿＿＿＿＿＿＿＿＿＿＿＿＿＿＿＿＿＿＿

❺ ⇨ ＿＿＿＿＿＿＿＿＿＿＿＿＿＿＿＿＿＿＿

보기: みる　⇒　みたいです。

❶ 会う　⇨ ________________________

❷ 飲む　⇨ ________________________

❸ 話す　⇨ ________________________

❹ 勉強する ⇨ ________________________

❺ 帰る　⇨ ________________________

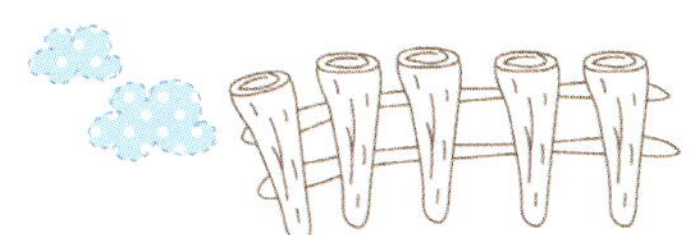

동물 이름

いぬ(犬) 개	ねこ(猫) 고양이	ぶた(豚) 돼지	うし(牛) 소

くま(熊) 곰	とら(虎) 호랑이	ぞう(象) 코끼리	ライオン 사자

パンダ 팬더	コアラ 코알라	カンガルー 캥거루	キリン 기린

きつね(狐) 여우	たぬき(狸) 너구리	うさぎ(兎) 토끼	ひつじ(羊) 양

にわとり(鶏) 닭	かば(河馬) 하마	うま(馬) 말	ろば 당나귀

STEP
8

先週は 楽しかったです

학습 Point

1: ~(형용사)かったです/くありませんでした/くなかったです
~었습니다/지 않았습니다/지 않았습니다

2: ~(형용동사)でした/じゃ(では)ありませんでした/
じゃ(では)なかったです　~었습니다/지 않았습니다/지 않았습니다

3: ~(명사/형용사/형용동사)なります　~이/게 됩니다

4: ~(장소)で~ます/ました　~에서 ~ㅂ니다/었습니다

5: ~とか　~とか　~라든가 ~라든가

吉田：金さん、この間の写真です。

金　：わあ、私、変な顔。

吉田：そんなことないですよ。

　　　かわいいです。

金　：吉田さんはかっこいいです。

吉田：韓国での最初の記念写真です。

金　：そうですね。

　　　いい思い出になりますね。

単語 1

このあいだ(この間)　일전, 지난 번	へんだ(変だ)　이상하다
かお(顔)　얼굴	そんな　그런
こと　일, 사건, 사항	ない　없다
かっこいい(格好いい)　멋있다, 폼나다	さいしょ(最初)　최초
きねん(記念)　기념	おもいで(思い出)　추억
～になる　～이 되다	

吉田 ： 先週は楽しかったですね。

金 　 ： あのウサギさん、かわいかったです。

吉田 ： そうですね。

金 　 ： 吉田さんは写真の腕がいいですね。

吉田 ： 趣味が写真なんです。

単語 2

せんしゅう(先週)　지난 주, 전 주	たのしい(楽しい)　즐겁다
あつい(暑い)　덥다	うで(腕)　①팔, ②솜씨
しゅみ(趣味)　취미	~なんです　~인 것입니다

吉田 ： 金さんの趣味は何ですか。

金　　： 映画鑑賞です。

吉田 ： 日本の映画はどうですか。

金　　： 子供の時には日本のアニメが好きでしたが、

　　　　今はラブストーリーとか、アクションものなどが好きです。

吉田 ： そうですか。

　　　　私は韓国映画のグエムルがおもしろかったです。

単語 ③

えいがかんしょう(映画鑑賞)　영화감상	こども(子供)　아이, 어린애
とき(時)　때	には　~에는
アニメ　애니메이션(animation)	ラブストーリ　러브 스토리(love story)
とか　~라든지,	アクション　액션(action)
など　~등	グエムル　괴물(영화제목)

8 : 1

金さん、この間の写真です。

「このあいだ」는 현재에 가까운 과거의 어느 날을 가리키는 말이다. 유사어로 「このまえ」가 있지만, 이 말은 현재를 기준으로 하여 바로 앞의 사항을 가리킨다.

例 この間から体の調子が悪いです。(일전부터 몸 상태가 좋지 않습니다)
　　金さん、この前の学会に行きましたか。(김씨, 지난번 학회에 갔습니까)

わあ、私、変な顔。

형용동사 뒤에 명사가 접속되면 어미 「だ」는 「な」로 변한다.

吉田さんはかっこいいです。

장음의 단음화로 「う」가 생략된 축약형이다.

例 格好いい(멋있다) → かっこいい　　　　面倒くさい(귀찮다) → めんどくさい
　　油揚げ(유부) → あぶらげ　　　　　　　そういうこと(그런 일) → そゆこと ……

韓国での最初の記念写真です。

동작의 행위가 이루어지는 장소를 나타내는 조사이다. 「で」의 용법은 다음과 같다.

例 川で泳ぎます。(강에서 수영합니다) → 장소
　　三人で遊びます。(세 사람이서 놉니다) → 수량의 한정
　　バスで行きます。(버스로 갑니다) → 수단
　　パンは小麦粉で作ります。(밀가루로 만듭니다) → 재료
　　風邪で休みます。(감기로 쉽니다) → 원인·이유

8 : 2

吉田さんは写真の腕①がいい②ですね。

❶ 「腕がいい」는 관용어로 「솜씨가 좋다」라는 뜻이다.

❷ 「いい」는「よい」에서 파생된 특수형용사로 부정형을 만들 경우는「よい」로 활용시킨다.

　㉑ いい → よくない・よくありません(○)　　　いい → いくない・いくありません(×)

趣味が写真なんです。

　「んです」는「のです」의 구어체이다. 명사와 형용동사에 접속될 경우는「な+んです」의 형태가 된다. 문장의 강조나, 상대에게 모르는 사실을 가르쳐 줄 때 사용한다.

8 : 3

私は韓国映画の**グエムル**がおもしろかったです。

　어느 날 갑자기 한강에 출몰한 거대 돌연변이 괴물에게 여고생 현서가 납치되면서, 일가족이 목숨을 건 추격과 사투를 벌이는 내용의 SF영화이다. 한국영화 사상 최대 규모의 특수효과와 최대 흥행 기록으로 큰화제를 모았다.

P oint 문형

---

1 ～(형용사) かったです / くありませんでした / くなかったです

昨日の夜はとても寒**かったです**。

納豆はあまりおいし**くありませんでした**。

昨日のパーティーはあまり楽し**くなかったです**。

夜(よる)밤/ パーティー 파티

---

2 ～(형용동사) でした / じゃ(では)ありませんでした / じゃ(では)なかったです

あの店の店員は親切**でした**。

この町は昔はにぎやか**じゃなかったです**。

さしみは前はあまり好き**じゃありませんでした**。

町(まち)동네/ 昔(むかし)옛날

---

3 ～(명사/형용동사/형용사) なります

もうすぐ秋**になります**。

肌がつやつやときれい**になります**。

これからちょっぴりさびし**くなりますね**。

肌(はだ)살결/ つやつや 매끈매끈/ ちょっぴり 약간

---

4 ～で(장소) ～ます / ました

公園**で**子供たちと遊び**ました**。

体育館**で**友達とテニスをし**ました**。

昨日は図書館**で**一日中勉強し**ました**。

体育館(たいいくかん)체육관/ 一日中(いちにちじゅう)하루 종일

---

5 ～とか ～とか

私はチョコレート**とか**ケーキ**とか**の甘いものが好きです。

日本からのお土産はお茶**とか**和菓子**とか**がいいでしょう。

暇な時は日本の映画**とか**ドラマ**とか**をよく見ます。

チョコレート 초콜릿/ お土産(おみやげ)선물/ 和菓子(わがし)일본전통과자/ 暇だ(ひまだ)한가하다

---

1. A ：<u>旅行</u>はどうでしたか。

　　B ：<u>楽しかった</u>です。

❶ 試験、難しい　　　　　　　　❷ 展覧会、すばらしい

❸ 映画、つまらない　　　　　　❹ フランス料理、おいしい

❺ 北海道、寒い　　　　　　　　❻ 高校の時の先生、やさしい

展覧会(てんらんかい)전람회/ すばらしい 훌륭하다/ つまらない 재미가 없다/
フランス料理(フランスりょうり)프랑스 요리/ 北海道(ほっかいどう)일본 지명/ やさしい 상냥하다

---

2. A ：<u>ゆうべのパーティー</u>はどうでしたか。

　　B ：とても<u>にぎやか</u>でした。

❶ 昨日の宿題、大変　　　　　　❷ 夕べのコンサート、すてき

❸ 田中さんの部屋、きれい　　　❹ 大学の建物、りっぱ

❺ あの店の店員、親切　　　　　❻ ホテルの食事、豪華

ゆうべ 어제 저녁/ パーティー 파티/ 宿題(しゅくだい)숙제/ コンサート 콘서트/ きれいだ 깨끗하다/
りっぱだ 훌륭하다/ 豪華だ(ごうかだ)호화롭다

---

3. <u>日本語</u>が<u>上手</u>になりました。

❶ 日本の歌、好き　　　　　　　❷ 先生の書いた本、有名

❸ 交通、便利　　　　　　　　　❹ こども、大きい

❺ 英語の試験、難しい　　　　　❻ 目、悪い

交通(こうつう)교통/ 便利だ(べんりだ)편리하다/ 目(め)눈 

■ 子供の頃のことを聞いてみましょう。■

어렸을 때 어떤 아이였습니까? 다음 질문을 서로가 물어봅시다.

子供の頃、どんなテレビアニメが好きでしたか。

かけっこは速かったですか。

歌は上手でしたか。

よく泣きましたか。

外でよく遊びましたか。

お父さんは恐かったですか。

家は学校から近かったですか。

人参が嫌いでしたか。

お手伝いをよくしましたか。

お母さんの言うことをよく聞きましたか。

外(そと)밖/ こと 것, 사항, 일/ かけっこ 달리기/ 泣く(なく)울다/ 恐い(こわい) 무섭다/ 人参(にんじん)당근
お手伝いする(おてつだいする)도와주다

変 (변할 변)

음독 : へん　　훈독 : かわる
총획순 : 9획　　` 一 ナ 亣 亦 亦 亦 変 変

쓰기연습: 変

変更(へんこう)변경　変装(へんそう)변장　変動(へんどう)변동　変貌(へんぼう)변모　変革(へんかく)변혁

記 (기록할 기)

음독 : き　　훈독 : しるす
총획순 : 10획　　` 亠 亖 亖 言 言 記 記 記

쓰기연습: 記

記念(きねん)기념　記録(きろく)기록　記事(きじ)기사　記入(きにゅう)기입　記者(きしゃ)기자

思 (생각 사)

음독 : し　　훈독 : おもう
총획순 : 9획　　丶 口 日 田 田 田 思 思 思

쓰기연습: 思

思考(しこう)사고　思量(しりょう)사료　思慕(しぼ)사모　思想(しそう)사상　思い出(おもいで)추억

画 (그림 화 / 가를 획)

음독 : かく、が　　훈독 : えがく、え
총획순 : 8획　　一 一 冂 日 亜 面 画 画

쓰기연습: 画

画家(がか)화가　画報(がほう)화보　挿画(そうが)삽화　計画(けいかく)계획　区画(くかく)구획

子 (아들 자)

음독 : し　　훈독 : こ
총획순 : 3획　　` 了 子

쓰기연습: 子

子孫(しそん)자손　子息(しそく)자식　種子(しゅし)종자　君子(くんし)군자　女子(じょし)여자

シスター(sister) 자매

| シスター | シスター | シスター | シスター |

ホーク(fork) 포크

| ホーク | ホーク | ホーク | ホーク |

ギター(guitar) 기타

| ギター | ギター | ギター | ギター |

デパート(depart) 백화점

| デパート | デパート | デパート | デパート |

バー(bar) 바

| バー | バー | バー | バー |

❶ 吉田さんの趣味は何ですか。

⇨ ________________________________ 。

❷ 金さんの趣味は何ですか。

⇨ ________________________________ 。

❸ 金さんは子供の時、何が好きでしたか。

⇨ ________________________________ 。

❹ 金さんは今どんな映画が好きですか。

⇨ ________________________________ 。

❺ 吉田さんはどんな映画がおもしろかったですか。

⇨ ________________________________ 。

TEST 2: 다음 문장의 빈 칸에 적당한 조사를 넣으시오.

❶ いい思い出(　　)なりますね。

❷ 写真の腕(　　)いいですね。

❸ 今はラブストーリ(　　　)アクションものなどが好きです。

❹ 日本(　　　)の最初の写真です。

❶ 金さん、＿＿＿＿＿＿ の写真です。(지난 번)

❷ そんなことないですよ。＿＿＿＿＿＿＿＿。(귀엽습니다)

❸ そうですね。いい ＿＿＿＿＿ になりますね。(추억)

❹ 吉田さんは写真の ＿＿＿＿＿ がいいですね。(솜씨)

❺ わあ、私 ＿＿＿＿＿＿ 顔。(이상한)

TEST 4 : 다음 형용사를 적당한 형태로 바꾸어 쓰시오.

❶ 先週は ＿＿＿＿＿＿＿＿＿ です。(忙しい)

❷ 昨日の映画は ＿＿＿＿＿＿ です。(おもしろい)

❸ 昔、私の友達は ＿＿＿＿＿＿ です。(かわいい)

❹ 子供の時には日本のアニメが ＿＿＿＿＿＿＿。(すきだ)

TEST 5 : 다음 우리말의 문장을 일본어로 옮기시오.

❶ 김씨는 잘 생겼군요.

⇨ ＿＿＿＿＿＿＿＿＿＿＿＿＿＿＿＿＿＿＿＿＿＿＿。

❷ 지난주는 즐거웠습니다.

⇨ ＿＿＿＿＿＿＿＿＿＿＿＿＿＿＿＿＿＿＿＿＿＿＿。

❸ 김씨의 취미는 영화 감상입니다.

⇨ ____。

❹ 좋은 추억이 되겠군요.

⇨ ____。

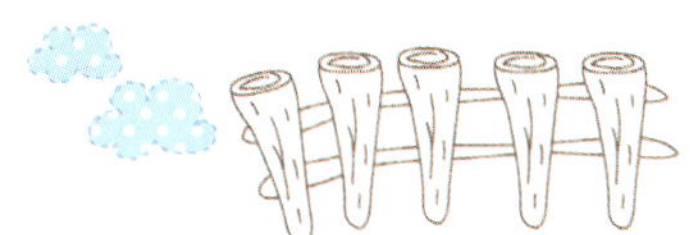

はる(春) 봄	なつ(夏) 여름	あき(秋) 가을	ふゆ(冬) 겨울

はなみ(花見) 꽃구경	たなばた(七夕) 칠석	おぼん(お盆) 추석	おおみそか(大晦日) 12월 31일

にゅうがくしき(入学式) 입학식	つゆ(梅雨) 장마	うんどうかい(運動会) 운동회	がんたん(元旦) 설날

ひなにんぎょう(雛人形) (히나마츠리) 인형	はなび(花火) 불꽃놀이	おちば(落ち葉) 낙엽	せつぶん(節分) 춘분

こいのぼり(鯉のぼり) (단오절)잉어 올림	おちゅうげん(お中元) 백중 때의 선물	ぶんかさい(文化祭) 문화제	そつぎょう(卒業) 졸업

특별한 날의 인사말

생일 때	おたんじょうび(お誕生日) おめでとうございます。	생일 축하합니다.
결혼식 때	ごけっこん(御結婚)) おめでとうございます。	결혼 축하합니다.
입학식/졸업식 때	ごにゅうがく(御入学)/ ごそつぎょう(御卒業) おめでとうございます。	입학/졸업을 축하합니다.
새해 인사	あけまして おめでとうございます。	새해 복 많이 받으세요.
조문 인사	ごしゅうしょう(愁傷)さまです。 こころ(心)からおく(悔)やみ もう(申)しあ(上)げます。	얼마나 애통하세요. 애도의 뜻을 표합니다.
병문안 인사	おだいじ(大事)に。 おだいじになさってください 。	몸조리 잘하세요.

つつじの花が咲きます

1 : ～(형용사)て～です   ～고/서 ～입니다.

2 : ～(동사)ましょう   ～합시다.

3 : ～でしょう   ～겠지요.

4 : ～は～より～です   ～은/는 ～보다 ～입니다.

5 : ～から～にかけて   ～에서 ～에 걸쳐서

吉田 ： これは何という花ですか。

金　　： それはつつじの花です。

吉田 ： きれいですね。

　　　　天気がよくて、気持ちまで晴れます。

金　　： そうですね。

単語 1

いう(言う)　말하다	はな(花)　꽃
つつじ　진달래	きれいだ(綺麗だ)　예쁘다, 깨끗하다
てんき(天気)　날씨	~て　~이고, ~이어서(접속조사)
きもち(気持ち)　기분	はれる(晴れる)　개다, 맑아지다

吉田　：　このきれいな花のところで、コーヒーでも飲みましょうか。

金　　：　私はコーヒーよりジュースが好きです。

吉田　：　私はアイスコーヒーを飲みます。

　　　　　今日は、少し暑いですから。

単語 2

ところ(所)	곳, 장소	コーヒー	커피(coffee)
のむ(飲む)	마시다	~ましょうか	~할까요
~より	~보다(조사)	ジュース	쥬스(juice)
アイス	아이스, 얼음(ice)	あつい(暑い)	덥다

金　　：日本の花はさくらでしょう。

吉田　：はい、そうです。

金　　：韓国の国花はムクゲです。

吉田　：あ、そうですか。

　　　　知りませんでした。

金　　：桜は3月末から4月の初めごろ咲きますね。

吉田　：ムクゲはいつ咲きますか。

金　　：夏から秋にかけて咲きます。

🎴 単語 3

さくら(桜)　벚꽃	~でしょう　~이 겠지요, ~일 겁니다
こっか(国花)　국화(나라 꽃)	しる(知る)　알다
ませんでした　~하지 않았습니다(동사과거부정)	すえ(末)　말
はじめ(初め)　초, 시작, 처음	~ごろ(頃)　~경, 즈음
さく(咲く)　피다	いつ　언제
ムクゲ　무궁화	なつ(夏)　여름
	あき(秋)　가을

9 : 1

天気がよくて気持ちまで晴れます。

❶ 「날씨」를 나타내는 명사로 「電気(전기)」와 발음이 유사함으로 주의해야 한다. 또한 각 계절의 날씨는 형용사로 나타내는데 다음과 같은 것이 있다.

> 예 春(봄) → 暖かい(따뜻하다)　　夏(여름) → 暑い(덥다)
> 　　秋(가을) → 涼しい(선선하다)　　冬(겨울) → 寒い(춥다)

❷ 「気持ち」는, 「기분, 마음, 감정, 심정」 등의 의미로 쓰인다.

❸ 이 문장에서의 「はれる」는 「상쾌해지다」의 의미로 쓰여 졌지만, 날씨를 나타낼 때는 「맑다」로 해석한다.

9 : 2

このきれいな花のところで、コーヒーでも飲みましょうか。

❶ 장소성이 없는 명사에 「장소」의 의미를 부여해 주는 역할을 한다.

❷ 네덜란드어 「koffie」의 외래어 표기이고 한자는 「珈琲」로 쓴다.

❸ 5단동사인 「のむ」에 「ましょうか」가 접속된 형태이다. 권유와 제안을 할 때 사용하는 대표적인 표현이다.

私はコーヒーよりジュースが好きです。

　격조사로서 비교의 기준을 나타내거나 부정의 말을 동반하여 한정을 나타내기도 하고 시간이나 장소에 접속하면 「から」와 같은 뜻으로도 쓰인다.

> 예 去年より寒いです。(작년보다 춥습니다) → 비교
> 　　歩くより仕方がないです。(걸을 수밖에 방법이 없습니다) → 한정
> 　　八時より始まります。(9시부터 시작됩니다) → 시간・장소

今日は、少し暑いですから。

　화자가 주관적인 입장으로 행하는 의뢰, 명령, 추량, 의지, 주장 등의 이유를 나타낼 때에 사용한다. 뒷 문장이 생략된 형태이다.

日本の花はさくらでしょう。

　天皇(てんのう)가의 文様(문양)이 菊(국화꽃)이기 때문에 国花(こっか)도 菊(국화꽃)로 오인하는 경우가 있지만, 일반적으로 桜(さくら)(벚꽃)를 일본의 国花(こっか)라고 한다. 참고로 天皇가의 문양인 국화꽃은 16개의 잎이 타원형으로 배치되어있고, 패전까지는 귀족이나 일반인은 天皇가의 문양과 똑같은 것은 입을 수 없었기 때문에 문양을 뒤집어서 입었다고 한다.

知りませんでした。

　원형은 「知(し)る」로 예외 5단 동사이다. 상・하 1단 동사의 형태이면서도 5단동사로 인정된 동사는 약 80개정도가 있다.

　　　＊상1단 활용 동사의 모양인데 5단 활용 동사인 것
　　　예　切(き)る(끊다)　入(はい)る(들어가다)　散(ち)る(떨어지다)　走(はし)る(달리다)
　　　　　参(まい)る(가다, 오다)　契(ちぎ)る(언약하다)　要(い)る(필요하다) ……
　　　＊하1단 활용 동사의 모양인데 5단 활용 동사인 것
　　　예　帰(かえ)る(돌아오다, 돌아가다)　蹴(け)る(차다)　減(へ)る(줄다)
　　　　　照(て)る(비추다)　しゃべる(말하다, 지껄이다) ……

桜は3月末から4月の初めごろ咲きますね。

　「はじめ＋ころ」의 형태로 명사와 명사가 접속될 경우는 뒤쪽에 오는 단어에 탁음(ﾞ)이 붙는다. 이러한 현상을 연탁현상이라고 한다. 단, 「か、さ、た、は」행에서만 일어나는 현상이다.
　　　예　ゴミ+はこ(쓰레기 통) → ゴミばこ　　ほん+たな(책장) → ほんだな ……

夏から秋にかけて咲きます。

　「～から～にかけて」는 특정한 시간이나 장소를 나타낼 때 쓰이고, 부분적인 의미를 갖는다. 유사어로 「～にわたって」도 있지만, 「～にわたって」는 전체적인 것을 나타낼 때 쓰인다.
　　　예　今週(こんしゅう)から来週(らいしゅう)にかけて休暇(きゅうか)をとるつもりです。(금주부터 다음 주에 걸쳐서 휴가를 낼 생각입니다)
　　　　　二十年(にじゅうねん)にわたって地域(ちいき)の発展(はってん)を担(にな)ってきました。
　　　　　　　　　　　　　　(20년 간에 걸쳐서 지역의 발전을 책임져 왔습니다)

분류	5단 동사 (1류동사)	상1단 동사 (2류동사)	하1단 동사 (2류동사)	くる (3류동사)	する (3류동사)
종지형	いう(言う)	みる(見る)	たべる(食べる)	くる(来る)	する
う접속형	いおう	みよう	たべよう	こよう	しよう
ない접속형	いわない	みない	たべない	こない	しない
ます접속형	いいます	みます	たべます	きます	します
たい접속형	いいたい	みたい	たべたい	きたい	したい
ながら접속형	いいながら	みながら	たべながら	きながら	しながら
て접속형 た접속형 たり접속형 たら접속형	いって(言って) まって(待って) おわって(終わって) かいて(書いて) およいで(泳いで) しんで(死んで) あそんで(遊んで) のんで(飲んで) はなして(話して) *いって(行って)	みて みた みたり みたら	たべて たべた たべたり たべたら	きて きた きたり きたら	して した したり したら
명사접속형	いうとき	みるとき	たべるとき	くるとき	するとき
ば접속형	いえば	みれば	たべれば	くれば	すれば
れる・られる 접속형	いわれる	みられる	たべられる	こられる	される
せる・させる 접속형	いわせる	みさせる	たべさせる	こさせる	させる
가능동사	いえる	みられる みれる	たべられる たべれる	こられる これる	できる

Point문형

1 ～(형용사)て～です

このりんごは甘くておいしいです。
彼女は背が高くてスタイルのいい女性です。
日本人と話すのが楽しくておもしろいです。

スタイル 스타일/ 女性(じょせい)여성 

2 ～(동사)ましょう

明日はお花見に行きましょう。
台所はきれいに掃除しましょう。
日曜日ぐらいはゆっくり休みましょう。

ゆっくり 천천히/ 花見(はなみ)벚꽃구경/ 台所(だいどころ)부엌/ 掃除(そうじ)청소 

3 ～でしょう

きっと明日は雨でしょう。
彼は年末で忙しいでしょうね。
吉田さんはジュースを飲むでしょう。

きっと 꼭, 반드시/ 年末(ねんまつ)연말 

4 ～は～より～です

ソウルはプサンより大きいです。
KTXはセマウル号より速いです。
日本の夏は韓国の夏より暑いです。

5 ～から～にかけて

水曜日から金曜日にかけて休暇をとります。
おとといから今日にかけて期末試験だったんです。
8月下旬から9月上旬にかけて休みの日が多かったです。

期末試験(きまつしけん)기말시험/ 上旬(じょうじゅん)상순 

---

1. A ：<u>田中</u>さんは、どんな<u>人</u>ですか。

 B ：<u>親切で</u>、かっこいい<u>人</u>です。

---

❶ チュンチョン、所、静か、きれい ❷ 金さん、人、明るい、元気

❸ トッポッキ、料理、辛い、おいしい ❹ シッケ、飲み物、白い、甘い

❺ ソウル、都市、便利、にぎやか ❻ イーさん、人、きれい、やさしい

チュンチョン 춘천/ 明るい(あかるい)밝다/ トッポッキ 떡볶이/ シッケ(식혜)/ 白い(しろい)하얗다/
甘い(あまい)달다/ ソウル 서울/ 都市(とし)도시

---

2. A ：<u>コーヒー</u>でも<u>飲み</u>ましょうか。

 B ：いいですね。

---

❶ 焼き肉、食べる ❷ お茶、飲む

❸ 映画、見る ❹ 音楽、聞く

❺ カラオケ、行く ❻ ラーメン、作る

焼き肉(やきにく)불고기/ カラオケ 노래방/ 作る(つくる)만들다 

---

3. A ：<u>日本の花</u>は<u>さくら</u>でしょう。

 B ：はい。

---

❶ 韓国の国花、ムクゲ ❷ 日本のアニメ、おもしろい

❸ アルバイト、大変 ❹ 北海道、涼しい

❺ 明日、パーティーに行く ❻ お寿司、好き

アルバイト 아르바이트 

会話連習 2

■ 誘ってみましょう。■

아래 대화와 같이 친구를 권유해봅시다.

A：～さん、明日いっしょに<u>サッカーをし</u>ませんか。

B：<u>サッカー</u>ですか。<u>サッカー</u>はちょっと……

A：<u>サッカー</u>は嫌いですか。

B：いいえ、嫌いではないですが、<u>上手じゃありません</u>から。

A：だいじょうぶですよ。それに<u>スポーツは体にいい</u>ですよ。

B：それはそうですが……

A：実は、<u>チームのメンバーが一人足りない</u>んです。

B：そうですか、じゃあ、行きましょう。

A：ああ、よかった。じゃあ、明日の1時に<u>運動場</u>で待っています。

体(からだ)몸/ 実は(じつは)실은/ チーム(팀)/ メンバー(멤버)/ 足りない(たりない)부족하다/
運動場(うんどうじょう)운동장

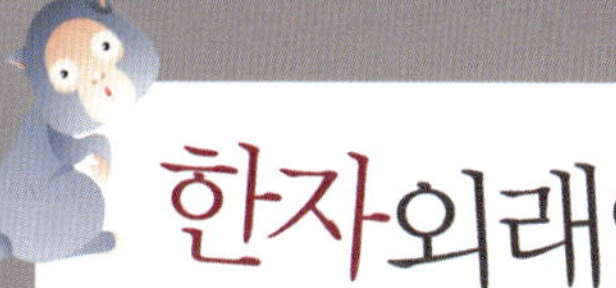

한자외래어

花 꽃 화	음독 : か　　　　훈독 : はな 총획순 : 7획　一 ナ サ ナ オ 芥 花 花
	쓰기연습　花

花壇(かだん)화단　花屋(はなや)꽃집　花瓶(かびん)꽃병　草花(くさばな)초화　花園(はなぞの)화원

赤 붉을 적	음독 : せき　　　　훈독 : あかい 총획순 : 7획　一 十 土 ナ 才 赤 赤
	쓰기연습　赤

赤潮(あかしお)적조　赤信号(あかしんごう)적신호　赤子(あかご)갓난아기　赤裸々(せきらら)적 나라

春 봄 춘	음독 : しゅん　　　　훈독 : はる 총획순 : 9획　一 二 三 丰 夫 表 春 春 春
	쓰기연습　春

春夏秋冬(しゅんかしゅうとう)춘하추동　青春(せいしゅん)청춘　回春(かいしゅん)회춘　春期(しゅんき)춘기

天 하늘 천	음독 : てん　　　　훈독 : そら、あめ、あま 총획순 : 4획　一 二 チ 天
	쓰기연습　天

天幕(てんまく)천막　天罰(てんばつ)천벌　天然(てんねん)천연　天職(てんしょく)천직　楽天(らくてん)낙천

今 이제 금	음독 : きん、こん　　　　훈독 : いま 총획순 : 4획　ノ 人 个 今
	쓰기연습　今

今年(こんねん)금년　今日(きょう)금일　昨今(さっこん)작금　只今(ただいま)지금　今回(こんかい)금회

ファン(Fan) 팬

ファン	ファン	ファン	ファン

フィルム(film) 필름

フィルム	フィルム	フィルム	フィルム

フランス(France) 프랑스

フランス	フランス	フランス	フランス

フェア(fair) 박람회

フェア	フェア	フェア	フェア

フォーム(form) 폼

フォーム	フォーム	フォーム	フォーム

TEST 1 : 본문을 듣고 질문에 답하시오.

❶ 今日の天気はどうですか。

⇨ ____。

❷ 金さんはコーヒーとジュースとどちらが好きですか。

⇨ ____。

❸ 吉田さんは何を飲みますか。

⇨ ____。

❹ 今日は寒いですか。

⇨ ____。

❺ 日本の花は何ですか。

⇨ ____。

❻ 桜は何月から咲きますか。

⇨ ____。

❼ むくげはいつ咲きますか。

⇨ ____。

TEST 2 : 다음 문장을 부정형으로 고치시오.

❶ コーヒーを飲みます。　⇨ ____。

❷ 花がきれいです。　　⇨ ____。

❸ いい天気です。　　　⇨ ____。

❹ 今日はあついです。　⇨ ____。

❺ 明日、来ます。　　　⇨ ____。

TEST 3 : 다음 문장의 빈 칸에 알맞은 단어를 쓰시오.

❶ 天気が____________気持まで晴れます。(좋아서)

❷ 私は映画________運動が好きです。(〜보다)

❸ 桜は__________咲きますか。(언제)

❹ 春から秋に________咲きます。(〜걸쳐서)

❺ 今日は少し____________。(더우니까)

❻ 私はコーラを____________。(마시겠습니다)　　＊コーラ 콜라

❼ 日本の花は____________。(벚꽃이지요?)

TEST 4 : 다음 문장을 でしょう를 넣어 완성하시오.

❶ このジュースは______________________。(おいしい)

❷ もうすぐ______________________。(くる)

❸ ここは______________________。(しずかだ)

❹ 花がとても______________________。(きれいだ)

❺ 明日は______________________。(雨)

TEST 5 : 다음 우리말의 문장을 일본어로 옮기시오.

❶ 커피라도 마실까요?

⇨ ______________________。

❷ 몰랐습니다.

⇨ ______________________。

❸ 3월 말부터입니다.

⇨ ______________________。

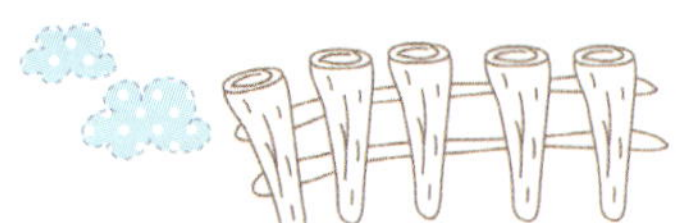

ひまわり 해바라기	チューリップ 튤립	カーネーション 카네이션	あじさい 수국

たんぽぽ 민들레	あさがお 나팔꽃	きく(菊) 국화	かすみそう 안개꽃

むくげ 무궁화	さくら(桜) 벚꽃	すいせん(水仙) 수선화	ゆり(百合) 백합
	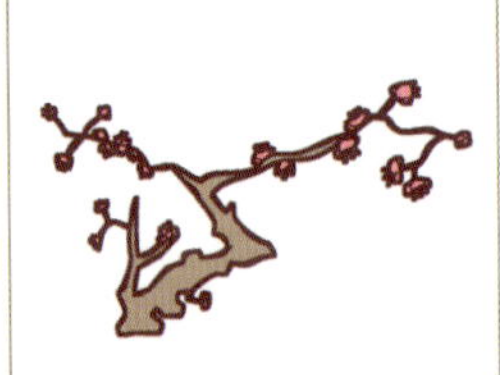		
もくれん(木蓮) 목련	うめ(梅) 매화	かえで(楓) 단풍나무	たけ(竹) 대나무

いちょう(銀杏) 은행나무	まつ(松) 소나무	やなぎ(柳) 버드나무	けやき 느티나무

STEP 10

私の先輩です

학습 Point

1 : ～(동사의 음편)た/て/たり　～었다/고/하기도하고

2 : ～ませんか　～지 않겠습니까?

3 : ～にかんして　～에 관하여

4 : ～(동사)てください　～해 주세요.

5 : ～でも～ましょう　～라도　～합시다.

吉田　　：そちらの方はどなたですか。

金　　　：私の先輩です。

吉田　　：そうですか。

　　　　　吉田と申します。

　　　　　今年の春、日本から来ました。

ヨンス　：日本語学科2年生の金ヨンスです。

吉田　　：よろしくお願いします。

　　　　　やはり、韓国は金の苗字が多いですね。

金　　　：はい、そうです。

単語 1

かた(方)　分(사람의 높임말)	どなた　어느 분(누구의 높임말)
せんぱい(先輩)　선배	ことし(今年)　올 해, 금년
がっか(学科)　학과	キム(金)ヨンス　김 용수(사람 이름)
やはり　역시	みょうじ(苗字)　성씨
おおい(多い)　많다	

ヨンス ： 吉田さんは何歳ですか。

吉田　 ： 21です。

ヨンス ： それでは、私の方が年上ですね。

　　　　　兵役を終えて、今年復学しました。

吉田　 ： なるほど。韓国は兵役の義務がありましたね。

金　　 ： 先輩は来年、日本への留学が決まりました。

吉田　 ： 交換留学生としてですか。

ヨンス ： はい、そうです。

金　　 ： うらやましい。

　　　　　私も日本へ

　　　　　行きたいです。

単語 ②

なんさい(何歳)	몇 살	ほう(方)	쪽
としうえ(年上)	연상	へいえき(兵役)	병역
おえる(終える)	끝내다	ふくがく(復学)	복학
なるほど	과연	ぎむ(義務)	의무
らいねん(来年)	내년	こうかん(交換)	교환
りゅうがくせい(留学生)	유학생	~として	~로서
うらやましい(羨ましい)	부럽다	きまる(決まる)	결정되다, 정해지다

ヨンス ： 今度、時間がある時に一杯飲みませんか。

吉田 　： いいですね。

ヨンス ： 日本に関していろいろ聞きたいので教えてください。

吉田 　： はい、喜んで。

金 　　： 私も入れてください。

ヨンス ： 3人でおいしい酒でも飲みましょう。

吉田 　： 楽しみですね。

単語 ③

いっぱい(一杯)　한 잔	~に かんして(に関して)　~에 관해서
いろいろ　여러 가지	おしえる(教える)　가르치다
~て ください　~해 주세요	よろこぶ(喜ぶ)　기뻐하다
いれる(入れる)　넣다	さけ(酒)　술
たのしみ(楽しみ)　기대, 즐거움	

そちらの**方**〔①〕はど**なた**〔②〕ですか。

❶ 「人」의 존경어이다.

❷ 누구인가를 모를 때 사용하는 말로 「だれ」의 높임말이다. 이 말도 「だれ → どちらさま」와 「どなた → どなたさま」순으로 그 존경의 정도가 높아진다.

今年の春、日本から来ました。

연도를 나타내는 말로 「ことし」로 특수하게 읽는다.

재작년	작년	금년	내년	내후년
おととし 一昨年	ぎょねん／さくねん去年／昨年	ことし 今年	らいねん 来年	さらいねん 再来年

吉田さんは何**歳**ですか。

나이를 말할 때 쓰는 수사이다. 약자인 「才〔さい〕」도 있지만 유아나 초등학생까지만 사용하고 일반적으로 성인은 「歳」를 사용하는 쪽이 바람직하다.

兵役を終えて、今年復学しました。

동사는 자동사와 타동사로 나누어지며, 타동사는 「を」를 동반하고 자동사는 「が」를 동반한다. 단, 자동사라도 「이동, 경과」 등의 의미로 쓰일 경우에는 「を」를 사용해야 한다.

예 타동사인 경우
窓〔まど〕を開〔あ〕けてください。(창문을 열어주세요)

자동사인 경우
花〔はな〕が咲〔さ〕いています。(꽃이 피어 있습니다)

이동, 경과를 나타내는 자동사
鳥〔とり〕が空〔そら〕を飛〔と〕んでいます。(새가 하늘을 날고 있습니다)

日本に関^①していろいろ聞きたいので教えてください^②。

❶ 「주제, 내용」 등을 수식하지만, 약간 문어적인 표현이여서 일상 회화에서는 「〜について」
를 주로 사용한다.

❷ 「て+下さい」의 형태로 「ください」는 보조동사로 쓰였다. 참고로 5단 동사에는 특수한 활
용을 하는 5개의 동사가 있는데, 이 동사들은 「ます」에 접속 될 때 어미가 「り」가 아니라
「い」로 된다.

   예) くださる(くれる의 존경어) → くださいます, いらっしゃる(くる, いく, いる의 존경어) → いらっ
しゃいます, おっしゃる(いう의 존경어) → おっしゃいます, なさる(する의 존경어) → さないます,
ござる(ある, いる의 정중어) → ございます

はい、喜んで。

* 5단동사가 「た、て、たり、たら」에 접속될 때는 어미가 규칙적으로 바뀌는데, 이것을 음편
현상이라고 한다. 음편형의 종류는 다음과 같다.

   イ음편: 어미가 「く, ぐ」로 끝나는 동사는 「い」로 바뀐다.

     예) かく(쓰다) → かいた, かいて, かいたり, かいたら
     およぐ(수영하다) → およいだ, およいで, およいだり, およいだら
       단, 「行く」만은 예외로 촉음편에서 활용한다.
     いく(가다) → いった, いって, いったり, いったら

   촉음편: 어미가 「う, つ, る」로 끝나는 동사는 「っ」로 바뀐다.

     예) かう(사다) → かった, かって, かったり, かったら
     うつ(치다) → うった, うって, うったり, うったら
     おわる(끝나다) → おわった, おわって, おわったり, おわったら

   발음편: 어미가 「ぬ, む, ぶ」로 끝나는 동사는 「ん」으로 변하고 「た, て, たり, たら」에
       탁음이 붙는다.

     예) しぬ(죽다) → しんだ, しんで, しんだり, しんだら
     よむ(읽다) → よんだ, よんで, よんだり, よんだら
     あそぶ(놀다) → あそんだ, あそんで, あそんだり, あそんだら

   예외: 「す」로 끝난 5단동사만은 어미를 「い」단으로 바꾸고 「ます」를 접속 시킨다.

     예) はなす(이야기하다) → はなした, はなして, はなしたり, はなしたら
     おきる(일어나다) → おきた, おきて, おきたり, おきたら

* 상하1단 동사에 「た、 て、 たり、 たら」가 접속될 때,

    예 たべる(먹다) → たべた, たべて, たべたり, たべたら

* 변격동사에 「た、 て、 たり、 たら」가 접속될 때,

    예 くる(가다) → きた, きて, きたり, きたら

        する(하다) → した, して, したり, したら

3人でおいしい酒でも飲みましょう。

술을 뜻하며, 한국과 일본은 술자리서의 예절이 약간 차이가 있다. 예를 들자면 다음과 같다.

    ＊한 손으로 받고 한 손으로 따라도 된다.

    ＊첨잔을 한다.

    ＊잔을 돌리지 않는다.

Point 문형

1 ~(동사의 음편)た/て/たり

夕べは十時に帰**って**シャワーを浴びました。

日本のマンガを読ん**だ**ことがありますか。

日曜日は本を読ん**だり**テレビを見たりします。

シャワー 샤워/ 夕べ(ゆうべ)어제저녁/ 浴びる(あびる)~받다, 뒤집어쓰다

2 ~ませんか

たまには映画でも見**ませんか**。

のんびり本でも読み**ませんか**。

暖かい日差しを浴びながら、コーヒーでも飲み**ませんか**。

たまに 가끔/ のんびり 느긋하게/ 浴びながら(あびながら)쬐면서, 받으면서/ 日差し(ひざし)햇살

3 ~にかんして

サークル活動**にかんして**相談中です。

映画のダウンロード**にかんして**教えてください。

コンピューター**にかんして**はよく分からないです。

サークル 서클/ 相談中(そうだんちゅう)중/ ダウンロード 다운로드/ 活動(かつどう)활동/
相談(そうだん)상담

4 ~(동사)てください

私だけを見**てください**。

これからも頑張っ**てください**。

宿題はこちらに提出し**てください**。

~だけ ~만/ 提出(ていしゅつ)제출

5 ~でも~ましょう

今夜は一緒に焼き肉**でも**食べ**ましょう**。

お昼の時間だから一緒に食事**でも**し**ましょう**。

静かなところで酒**でも**飲みながらゆっくり話し**ましょう**。

---

1. <u>兵役を終えて</u>、<u>今年復学しました</u>。

❶ 宿題をする、テレビを見る   ❷ シャワーをする、寝る

❸ 朝、8時に起きる、図書館に行く   ❹ 先輩に会う、お酒を飲む

❺ 銀行に寄る、家に帰る   ❻ 友達と映画を見る、ごはんを食べる

シャワーをする 샤워를 하다/ 寝る(ねる)잠자다/ 起きる(おきる)일어나다/ 会う(あう)만나다/ 
寄る(よる)들르다

---

2. A ：<u>一杯飲みませんか</u>。

B ：<u>いいですね</u>。

❶ ドライブする   ❷ 散歩する

❸ 少し休む   ❹ 午後にテニスをする

❺ 明日の夜、レストランで食事する   ❻ これから海に行く

ドライブする(드라이브를 하다)/ 散歩する(さんぽする)산책하다/ 海(うみ)바다

---

3. <u>いろいろ教えてください</u>。

❶ 荷物を持つ   ❷ 明日、早く来る

❸ 本を貸す   ❹ このページをコピーする

❺ あさってまでにレポートを出す   ❻ 一緒にいる

持つ(もつ)들다/ 早く(はやく)일찍/ 貸す(かす)빌려 주다/ ページ페이지/ コピーする 카피(복사)하다/
出す(だす)내다, 제출하다

일본인 친구에게서 전화가 와서 다음 달에 한국에 온다고 합니다. 안내를 해야 하는데, 미리 친구가 하고 싶은 것을 알아 놓읍시다.

加藤：もしもし、キムさん、こんにちは。

キム：あ、加藤さん、お久しぶりです。お元気ですか。

加藤：ええ、おかげさまで。あの、キムさん、私、来月韓国に行きます。

キム：え、旅行ですか。

加藤：いいえ、研修なんですが、1日自由時間があります。

キム：それじゃあ、ぜひ会いましょう。

加藤：はい、私も会いたいです。

キム：私がソウルを案内します。どこに行きたいですか。

加藤：そうですね。インサドンに行きたいです。

キム：そうですか。何が食べたいですか。

加藤：うーん、トッポッキとスンデが食べたいです。

キム：わかりました。あ、それから、ナンタを見たくありませんか。

加藤：ええ、ぜひ見たいです。

キム：じゃあ、一緒に行きましょう。
　　　来月が楽しみですね。

加藤：はい、ほうとうに楽しみです。
　　　それでは、また連絡します。

お陰(おかげ)덕분에/ 研修(けんしゅう)연수/ 自由(じゆう)자유/ スンデ(순대)/ ナンタ(난타)/
連絡する(れんらくする)연락하다/ 久しぶり(ひさしぶり)오랜만/ 案内する(あんないする)안내하다/
加藤(かとう)가토우/ インサドン 인사동/ ぜひ 꼭, 반드시/

한자 외래어

先	음독 : せん　　　　훈독 : さき
먼저 선	총획순 : 6획　　ノ ⺅ ⺊ 生 歩 先

쓰기 연습：先

先端(せんたん)선단　先頭(せんとう)선두　先輩(せんぱい)선배　先生(せんせい)선생　先決(せんけつ)선결

終	음독 : しゅう、じゅう　훈독 : おわる、おえる
마칠 종	총획순 : 11획　ノ ⺌ ⺌ 幺 糸 糸 糽 紹 終 終 終

쓰기 연습：終

終結(しゅうけつ)종결　終了(しゅうりょう)종료　終息(しゅうそく)종식　終演(しゅうえん)종연
臨終(りんじゅう)임종

交	음독 : こう　　　　훈독 : まじわる、まじえる
사귈 교	총획순 : 6획　　丶 ⺀ 六 亣 交

쓰기 연습：交

交代(こうたい)교대　交流(こうりゅう)교류　交渉(こうしょう)교섭　交易(こうえき)교역　交際(こうさい)교제

飲	음독 : いん　　　　훈독 : のむ
마실 음	총획순 : 12획　ノ ⺈ ⺈ ⺈ 今 今 食 食 飣 飲 飲 飲

쓰기 연습：飲

飲み物(のみもの)음료수　飲料(いんりょう)음료　飲食(いんしょく)음식　飲酒(いんしゅ)음주

楽	음독 : がく、らく　　훈독 : たのしい
즐길 락 풍유 악	총획순 : 13획　ノ ⺁ ⺁ 白 白 泊 沖 泖 涇 浬 楽 楽 楽

쓰기 연습：楽

音楽(おんがく)음악　楽器(がっき)악기　楽団(がくだん)악단　楽園(らくえん)낙원　楽天(らくてん)낙천

バイオリン(violin) 바이올린

バイオリン	バイオリン	バイオリン	バイオリン

ビデオ(video) 비디오

ビデオ	ビデオ	ビデオ	ビデオ

ビオラ(viola) 비올라

ビオラ	ビオラ	ビオラ	ビオラ

ボルト(volt) 볼트

ボルト	ボルト	ボルト	ボルト

ビジョン(vision) 비전

ビジョン	ビジョン	ビジョン	ビジョン

TEST 1: 본문을 듣고 질문에 답하시오.

❶ 金ヨンスさんは何年生ですか。

⇨ ____。

❷ 金ヨンスさんは何学科ですか。

⇨ ____。

❸ 吉田さんは何歳ですか。

⇨ ____。

❹ 吉田さんと金ヨンスさんとどちらが年上ですか。

⇨ ____。

❺ 吉田さんはいつ韓国へ来ましたか。

⇨ ____。

❻ 金ヨンスさんはいつ日本へ留学しますか。

⇨ ____。

TEST 2 : 다음 표를 완성하시오.

형태	현재		과거		て접속형
	긍정	부정	긍정	부정	
보통	聞く				
정중					
보통	飲む				
정중					
보통	決まる				
정중					
보통	入れる				
정중					
보통	来る				
정중					
보통	見る				
정중					
보통	行く				
정중					

TEST 3 : 다음 빈 칸에 알맞은 단어를 쓰시오.

❶ そちらの______はどなたですか。(분)

❷ 金さんは交換留学生________日本へ留学します。(으로서)

❸ 吉田さんよりヨンスさんの________年上です。(쪽이)

❹ 韓国には兵役の________があります。(의무)

❶ 3人＿＿＿＿一緒に食事をしませんか。

❷ 日本＿＿＿＿関していろいろお聞きしたいです。

❸ 今度みんなで酒＿＿＿＿飲みましょう。(라도)

❹ 去年の秋、アメリカ＿＿＿＿＿来ました。(에서)

❺ 私も日本＿＿＿＿行きたいです。(으로)

TEST 5 : 다음 우리말의 문장을 일본어로 옮기시오.

❶ 빨간 스웨터를 사고 싶습니다.

⇨ ＿＿＿＿＿＿＿＿＿＿＿＿＿＿＿＿＿＿＿＿＿＿＿＿＿＿＿。

❷ 여러 가지 가르쳐 주십시오.

⇨ ＿＿＿＿＿＿＿＿＿＿＿＿＿＿＿＿＿＿＿＿＿＿＿＿＿＿＿。

❸ 한 잔 하지 않겠습니까?

⇨ ＿＿＿＿＿＿＿＿＿＿＿＿＿＿＿＿＿＿＿＿＿＿＿＿＿＿＿。

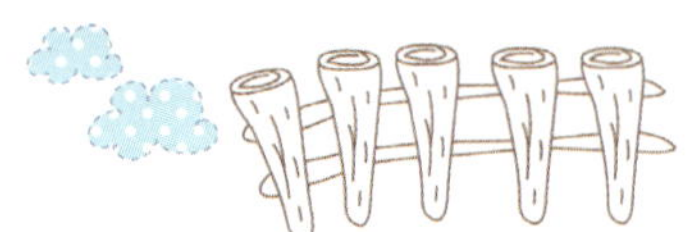

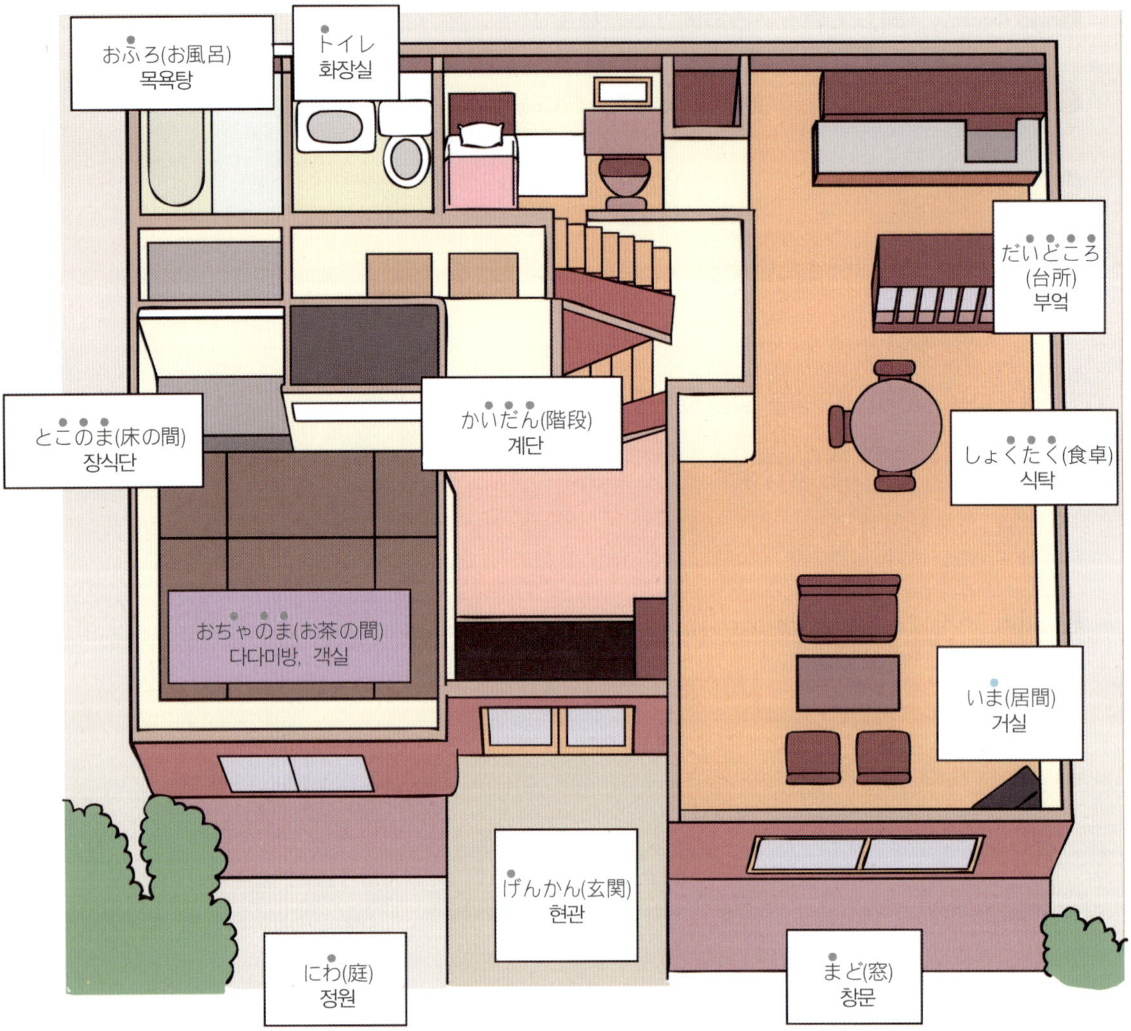

おふろ(お風呂)
목욕탕

トイレ
화장실

だいどころ(台所)
부엌

とこのま(床の間)
장식단

かいだん(階段)
계단

しょくたく(食卓)
식탁

おちゃのま(お茶の間)
다다미방, 객실

いま(居間)
거실

げんかん(玄関)
현관

にわ(庭)
정원

まど(窓)
창문

ITの資格を 持っていますか

1 : ～(동사)つもりです　～할 예정입니다.

2 : ～(동사)ています　～고 있습니다.

3 : ～(동사)ています　～져 있습니다.

4 : ～(동사)てしまいます　～해 버립니다.

5 : ～ても～なかなか(긍정/부정)　～라도　～상당히/좀처럼

吉田　：ところで、金さん。

　　　　日本語を勉強する目的は何ですか。

金　　：将来、日本語の教師になりたいからです。

吉田　：日本語の先生ですか。

金　　：そのために一生懸命頑張るつもりです。

吉田　：それで金さんは毎日図書館で勉強をしているのですね。

金　　：吉田さんは卒業後の進路は決

　　　　めましたか。

吉田　：私は日本のITの会社に

　　　　就職したいと思っています。

単語 1

ところで　そ런데(접속사)	もくてき(目的)　목적
しょうらい(将来)　장래	きょうし(教師)　교사
ために　위해서, 때문에	いっしょうけんめい(一生懸命)　열심히
つもり　작정	それで　그래서
まいにち(毎日)　매일	としょかん(図書館)　도서관
~ている　~하고 있다	そつぎょう(卒業)　졸업
ご(後)　후	しんろ(進路)　진로
かいしゃ(会社)　회사	しゅうしょく(就職)　취직
おもう(思う)　생각하다	

金　　：日本のIT企業の就職事情はどうですか。

吉田　：悪くはないです。

金　　：資格なども必要ですよね。

吉田　：もちろんです。

金　　：吉田さんはITの資格を持っていますか。

吉田　：いくつか持っていますが、もっと取りたいです。

金　　：頑張ってください。

単語 2

きぎょう(企業)　기업	じじょう(事情)　사정
しかく(資格)　자격	ひつよう(必要)　필요
もちろん(勿論)　물론	もつ(持つ)　가지다, 들다
いくつか　몇 가지인가	とる(取る)　①잡다 ②집다 ③취하다 ④떼다 ⑤따다 ⑥거두다 ⑦택하다

吉田 ：韓国に来て、もう半年経ちました。

金　　：私も入学してあっという間に1学期が過ぎてしまった感じがします。

吉田 ：本当に早いですね。

金　　：1学期勉強してもなかなか日本語が上手になりません。

吉田 ：大丈夫です。

　　　これからですよ。

金　　：でも、交換留学生の試験にも

　　　合格したいです。

吉田 ：金さんは頑張り屋だから心配

　　　いりません。

単語 3

もう　벌써, 이제	はんとし(半年)　반 년
たつ(経つ)　경과하다	にゅうがく(入学)　입학
あっというまに(あっという間に)　눈 깜짝할 사이에	がっき(学期)　학기
すぎる(過ぎる)　지나다, 넘다	~てしまう　~해 버리다
かんじ(感じ)　느낌	はやい(早い)　빠르다
なかなか　좀처럼, 꽤	だいじょうぶだ(大丈夫だ)　괜찮다
~にも　~에도(조사)	がんばりや(頑張り屋)　노력하는 사람
~だから　~이니까(명사 뒤에 접속)	いる(要る)　필요하다

ところで、金さん。

접속사로서 화제를 바꿀 때 사용하며, 우리말의 「그건 그렇고」의 의미이며, 유사어로 「さて」가 있다.

日本語を**勉強**する目的は何ですか。

「勉強+する」의 형태로 「공부하다」이다. 우리나라에서 말하는 「工夫」는 일본에서는 「궁리, 고안」의 뜻이 된다.

将来、日本語の**教師**になり①たいからです。②

❶ 가르치는 직업을 말하며 자신한테는 「せんせい」란 호칭은 쓰지 않는다.

❷ 자동사인 「なる」에 「に」가 접속된 형태이고 「に」는 「가」로 해석한다. 반드시 조사 「に」에 접속되는 동사는 다음과 같은 것이 있다.

예)〜に乗る(〜를 타다)　〜に会う(〜를 만나다) ……

そのために①一生懸命②頑張るつもりです。

❶ 「ため」는 「이익, 목적, 원인, 이유」 등의 용법이 있지만, 여기에서는 「이유」로 사용되었다.

　예 ためにならない本です。(도움이 되지 않는 책입니다)
　　彼女に会うためにきました。(그녀를 만나기 위해 왔습니다)
　　今日の試合は雨のために延期になりました。(오늘 시합은 비 때문에 연기 되었습니다)

❷ 중세에는 「신하가 영주의 땅을 목숨 걸고 지키겠다.」는 뜻으로 「一所懸命」를 사용했으나 현재는 「一生懸命」의 형태로 쓰인다.

それで金さんは毎日図書館で勉強をしているのですね。

접속사로 「원인, 이유」의 의미로 쓰여 진다. 「それで」는 재촉하는 의미로도 쓰이기 때문에 주의해야한다.

例 昨日は風邪で、それで会社を休みました。 (어제는 감기였기 때문에 그래서 회사를 쉬였습니다)
それで彼女とはどうなったの。 (그래서, 그녀와는 어떻게 되었습니까)

11 : 2

私は日本のITの会社に就職したいと思っています。

❶ 「〜と思う」는 앞 문장을 받아서 그것이 화자의 주관적 판단이나 의견임을 나타낸다.
❷ 보조동사인 「ている」는 진행과 상태를 나타낸다. 「ている」의 용법을 설명하면 다음과 같
은 것이 있다.

* 자동사+「ている」의 형태.

동작・작용의 진행, 계속을 나타낼 때.

例 犬が歩いています。 (개가 걷고 있습니다)
家に向かっています。 (집으로 향하고 있습니다)

동작・작용이 행하여진 후의 상태가 계속되고 있는 것을 나타낸다.

例 二人は結婚しています。 (두 사람은 결혼했습니다)
窓が開いています。 (창문이 열려 있습니다)

습관・경험.

例 毎朝、散歩しています。 (매일 아침, 산책하고 있습니다)
朝から何度も泳いでいます。 (아침부터 몇 번이나 수영하고 있습니다)

*타동사+「ている」의 형태.

현재 그 동작이 진행 중이고 계속되고 있는 것을 나타낸다.

例 苺を食べています。 (딸기를 먹고 있습니다)
顔を洗っています。 (얼굴을 씻고 있습니다)

동작이 행하여진 결과의 상태가 계속되고 있는 것을 나타낸다.

例 学校を卒業しています。 (학교를 졸업했습니다)
荷物を持っています。 (짐을 들고 있습니다)

私も入学してあっという間[①]に一学期が過ぎてしまった[②]感じがします[③]。

❶ 「눈 깜짝한 사이에 시간이 지나갔다」는 의미이다.

❷ 「てしまう」는 「~해버리다」의 뜻으로 완료와 유감, 후회 등의 용법이 있다.

❸ 「感じがする」는 「느낌이 들다」의 의미이다. 「~する」는 「하다」 외에 「~나다」로도 해석
된다.

> 例 ピアノの音がします。(피아노 소리가 납니다)
>
> 匂いがします。(냄새가 납니다)

Point 문형

1　～(동사)つもりです

今年の夏は海へ行くつもりです。

気の向いた時に立ち寄るつもりです。

自分なりに精一杯やったつもりです。

向く(むく)향하다/ 立ち寄る(たちよる)들르다/ なりに ～나름대로/ 精一杯(せいいっぱい)최선을 다하여 

2　～(동사)ています

金さんは今、顔を洗っています。

お母さんは掃除をしています。

ヨン様がプールで泳いでいます。

3　～(동사)ています

文さんは赤い靴を履いています。

先生の部屋に電気がついています。

私は大田の文化洞に住んでいます。

履く(はく)신다, 입다/ つく켜지다/ 電気(でんき)전기, 전등/ 窓(まど)창문 

4　～(동사)てしまいます

バスがおくれると、いらいらしてしまいます。

夕べは友達の誕生日で飲み過ぎてしまいました。

昨日はバスに間に合わなくて講義に遅れてしまいました。

いらいらする 안절부절하다, 짜증나다/ 間に合う(まにあう)시간에 대다/ 講義(こうぎ)강의/ 
飲み過ぎる(のみすぎる)과음하다/ 遅れる(おくれる)늦어지다

5　～ても～なかなか(긍정/부정)

教科書を読んでもなかなか頭に入りません。

あたしから見ても姜さんはなかなかいい男です。

今回の風邪は薬を飲んでもなかなか治らないです。

今回(こんかい)금번/ 風邪(かぜ)감기/ 治る(なおる)낫다 

---

1. A : <u>金さん</u>は何をしていますか。

 B : <u>勉強し</u>ています。

❶ バクさん、テレビを見る ❷ 田中さん、手紙を書く

❸ カンさん、ごはんを食べる ❹ イーさん、電話をかける

❺ 小林さん、音楽を聞く ❻ 文さん、シャワーを浴びる

手紙(てがみ)편지/ 書く(かく)쓰다/ 電話をかける(でんわをかける)전화를 걸다/ 

---

2. <u>窓</u>が<u>開い</u>ています。

❶ 消ゴム、落ちる ❷ 答え、間違う

❸ 木、倒れる ❹ 佐藤さん、いすに座る

❺ 機械、故障する ❻ ドア、閉まる

開く(あく)열리다/ 落ちる(おちる)떨어지다/ 倒れる(たおれる)넘어지다/ 木(き)나무/ 答え(こたえ)답/
間違う(まちがう)틀리다/ 機械(きかい)기계/ 故障する(こしょうする)고장나다/ 座る(すわる)앉다/ ドア 문/
閉まる(しまる)닫히다

---

3. A : これからどうしますか。

 B : <u>資格</u>のために<u>一生懸命勉強する</u>つもりです。

❶ 母、プレゼントを買う ❷ こども、学校の近くに引っ越す

❸ 就職、資格を取る ❹ 学費、アルバイトをする

❺ 大学入試、予備校に通う

プレゼント 선물/ 学校(がっこう)학교/ 近く(ちかく)근처/ 引っ越す(ひっこす)이사하다/ 学費(がくひ)학비/
入試(にゅうし)입시/ 予備校(よびこう)입시학원/ 通う(かよう)다니다

■「～ています」を使って答えましょう。■

다음 질문을 서로가 물어봅시다. 대답할 때는 「～ています」를 사용하세요.

教室の窓は開いていますか。

電気はついていますか。

MP3を持っていますか。

どこに住んでいますか。

家でペットを飼っていますか。

毎日運動をしていますか。

あなたは誰に似ていますか。

日本の首相は誰か、知っていますか。

高校の時の先生の名前を覚えていますか。

かばんの中に何が入っていますか。

先生は今、何をしていますか。

あなたは今、何をしていますか。

ペット 애완동물/ 飼う(かう)키우다/ 似る(にる)닮다/ 首相(しゅしょう)수상/ 覚える(おぼえる)기억하다 

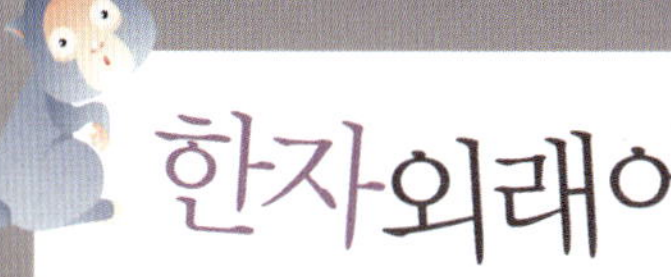

目	음독 : もく	훈독 : め
눈 목	총획순 : 5획　１冂月月目	

쓰기연습: 目

目礼(もくれい)목례　目撃(もくげき)목격　目録(もくろく)목록　目的(もくてき)목적　目次(もくじ)목차

教	음독 : きょう	훈독 : おしえる、おそわる
가르칠 교	총획순 : 11획　一十土尹考孝孝教教教教	

쓰기연습: 教

教理(きょうり)교리　教師(きょうし)교사　教授(きょうじゅ)교수　教育(きょういく)교육　教訓(きょうくん)교훈

生	음독 : せい、しょう	훈독 : いきる、うまれる、なま
날 생	총획순 : 5획　ノ广七牛生	

쓰기연습: 生

生計(せいけい)생계　生ビール(なまビール)생맥주　生命(せいめい)생명　生産(せいさん)생산

毎	음독 : まい	훈독 : ごと、つね
매양 매	총획순 : 6획　ノ广七与毎毎	

쓰기연습: 毎

毎度(まいど)매번　毎日(まいにち)매사　毎月(まいげつ)매월　毎週(まいしゅう)매주　毎回(まいかい)매회

会	음독 : かい、え	훈독 : あう
모일 회	총획순 : 6획　ノ人人会会会	

쓰기연습: 会

会見(かいけん)회견　会計(かいけい)회계　会談(かいだん)회담　会同(かいどう)회동　会議(かいぎ)회의

エディター(editor) 편집자

| エディター | エディター | エディター | エディター |

ティアラ(tiara) 머리장식

| ティアラ | ティアラ | ティアラ | ティアラ |

ツイン(twin) 트윈

| ツイン | ツイン | ツイン | ツイン |

ツリー(tree) 나무

| ツリー | ツリー | ツリー | ツリー |

トーン(tone) 음조

| トーン | トーン | トーン | トーン |

TEST 1 : 본문을 듣고 질문에 답하시오.

❶ 金さんは将来どんな仕事がしたいと思っていますか。

⇨ ____。

❷ 吉田さんはどんな会社に就職したいと思っていますか。

⇨ ____。

❸ 金さんは毎日どこで勉強していますか。

⇨ ____。

❹ 吉田さんはITの資格を持っていますか。

⇨ ____。

❺ 日本のIT企業の就職事情はどうですか。

⇨ ____。

❻ 金さんは何の試験に合格したいと思っていますか。

⇨ ____。

TEST 2 : 다음 빈 칸에 알맞은 단어를 쓰시오.

❶ 私は将来医者に ____________ です。(되고 싶다)

❷ 資格は2つ持っていますが、________ 取りたいです。(더)

❸ ピアノを習っていますが、＿＿＿＿＿＿ 上手になりません。(좀처럼)

❹ 日本に来て、＿＿＿＿ 3か月経ちました。(벌써)

❺ 弟の ＿＿＿＿＿＿、誕生日のプレゼントを買いました。(위해서)

❻ ＿＿＿＿＿＿＿＿＿＿ 一学期が過ぎてしまいました。(눈 깜박할 사이에)

❼ パソコンの資格を ＿＿＿＿＿ たいです。(따다)

TEST 3 : 다음 단어를 ひらがな로 쓰시오.

❶ 一生懸命　⇨　＿＿＿＿＿＿＿＿＿＿＿＿＿＿＿＿

❷ 半年　　　⇨　＿＿＿＿＿＿＿＿＿＿＿＿＿＿＿＿

❸ 進路　　　⇨　＿＿＿＿＿＿＿＿＿＿＿＿＿＿＿＿

❹ 就職　　　⇨　＿＿＿＿＿＿＿＿＿＿＿＿＿＿＿＿

TEST 4 : 다음 빈 칸에 적당한 조사를 쓰시오.

❶ 私は日本語の教師＿＿なりたいです。

❷ 悪く＿＿ないです。

❸ ITの会社＿＿就職したいと思っています。

❹ 日本語＿＿勉強する目的＿＿何ですか。

❺ ITの資格をいくつ＿＿持っています。(몇 개)

❻ 頑張り屋だ＿＿＿心配要りません。

TEST 5 : 다음 우리말의 문장을 일본어로 옮기시오.

❶ 요시다씨는 커피를 마시고 있습니다.

⇨ ____。

❷ 입학하고 벌써 반년 지났습니다.

⇨ ____。

❸ 교통이 편리하지는 않습니다.

⇨ ____。

❹ 장래, 영어 교사가 되고 싶기 때문입니다.

⇨ ____。

❺ 다음 달에 자격증을 딸 작정입니다.

⇨ ____。

❻ 책상 밑에 볼펜이 떨어져 있습니다.

⇨ ____。

❼ 남동생은 작년보다 키가 컸습니다.

⇨ ____。

❽ 매일 운동을 하고 있습니다.

⇨ ____。

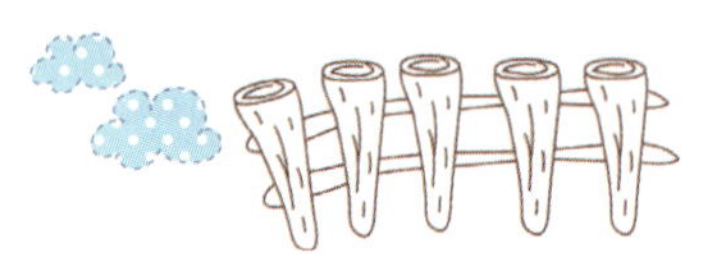

1월 　1 일　お正月（しょうがつ） 설날
둘째 주 월요일 : 成人（せいじん）の日（ひ）(성년의 날)

2월 　11 일　建国記念日（けんこくきねんび） 건국기념일 → 神武天皇（じんむてんのう）가 즉위한 날.

3월 　20 일경　春分（しゅんぶん）の日（ひ） 춘분 → 낮과 밤의 길이가 거의 같음.

4월 　29 일　緑（みどり）の日（ひ） 식목일 → 昭和天皇（しょうわてんのう） 탄생일.

6월 　3 일　憲法記念日（けんぽうきねんび） 헌법 기념일 → 1947년에 제정된 일본헌법을 기념하는 날.
　　　4 일　国民（こくみん）の休日（きゅうじつ） 국민의 휴일 → 3일과 5일이 휴일이기 때문에 연휴로 쉬게 하기 위해 만들어진 날.
　　　5 일　子供（こども）の日（ひ） 어린이 날 → 원래는 端午（たんご）の節句（せっく）.

7월 　20 일　海（うみ）の日（ひ） 바다의 날

8월 　15 일　お盆（ぼん） 한가위 → 추석

9월 　**3째 주 월요일**　敬老（けいろう）の日（ひ） 경로의 날 → 1966년에 개정된 노인 복지법을 기념하기 위한 날.
　　　23 일경　秋分（しゅうぶん）の日（ひ） 추분

10월 　**둘째 월요일**　体育（たいいく）の日（ひ） 체육의 날 → 1964년 10월 10일~24일에 열린 동경 올림픽 기념일.

11월 　3 일　文化（ぶんか）の日（ひ） 문화의 날
　　　23 일　勤労感謝（きんろうかんしゃ）の日（ひ） 근로감사의 날

12월 　23 일　현재의 천황인 明仁天皇（あきひとてんのう）의 탄생일.

 도키메키 일본어

STEP 12

故郷はどこですか

1: ～なければなりません/ないといけません　　～하지 않으면 않됩니다.

2: ～동사う(よう)と思います　　～하려고 생각합니다.

3: ～て みたいです　　～해보고 싶습니다.

4: ～って　　～라고/ 라는 /라고 하는

5: ～かも知れません　　～런지도 모릅니다.

金　　：今度の夏休みにはどこかへ行きますか。

吉田　：そうですね。

　　　　韓国のあちこちを旅行してみたいと思っています。

　　　　金さんはどうしますか。

金　　：私は両親がいる田舎へ帰ります。

吉田　：故郷はどこですか。

金　　：あの高麗人参で有名な金山です。

吉田　：へえ、それで金さんは体が丈夫な

　　　　んですね。

金　　：冗談はやめてください。

単語 1

なつやすみ(夏休み)　여름방학	あちこち　여기 저기
りょこうする(旅行する)　여행하다	~て みる　~해 보다
りょうしん(両親)　양친, 부모님	いなか(田舎)　시골
かえる(帰る)　돌아가다, 돌아오다	こきょう(故郷)　고향
こうらいにんじん(高麗人参)　고려인삼	~で　~로(으로)
ゆうめいだ(有名だ)　유명하다	グムサン(金山)　금산(지명)
からだ(体)　몸	じょうだん(冗談)　농담
やめる　그만두다, 중지하다	

金　　：明日から荷造りを始めないといけません。

吉田　：いつ帰りますか。

金　　：あさって帰ろうと思います。

吉田　：それでは、いつまで田舎にいるつもりですか。

金　　：次の学期が始まる時までいるつもりです。

　　　　両親がしている農業を手伝わなければなりません。

単語 2

にづくり(荷造り)　짐 싸기, 짐을 싸는 일	はじめる(始める)　시작하다
~といけません　~면 안 됩니다.	あさって　모레
~う　~하자, ~려고(조동사)	つぎ(次)　다음
はじまる(始まる)　시작되다	のうぎょう(農業)　농업
てつだう(手伝う)　돕다	

吉田　：何時の切符ですか。

金　　：10時ちょうど発です。

　　　　金山行きのバスは1日3便しかありません。

吉田　：それは不便ですね。

　　　　金山って本当に田舎なんですね。

金　　：そうかも知れません。

　　　　ところで、吉田さんのお生まれはどちらですか。

吉田　：私は千葉県の成田市です。

金　　：成田空港があるところですか。

吉田　：そうです。よく知っていますね。

金　　：あ、そろそろ乗車しなければなりません。

　　　　吉田さん、お元気で。

吉田　：気を付けて。さようなら。

単語 ❸

きっぷ(切符)　표	ちょうど　마침, 딱, 정각
はつ(発)　발(시간에 연결, 그 시간 출발임을 말함)	ゆき(行き)　행
バス　버스(bus)	いちにち(一日)　하루
さんびん(三便)　세 편	しか　~밖에(조사)
ふべんだ(不便だ)　불편하다	って　~이란(~というのは 의 구어체)
うまれ　출생지, 태어난 곳	ちばけん(千葉県)　치바현(행정구역중 하나. 우리나라 도에 해당)
なりたし(成田市)　나리타시(도시 이름)	くうこう(空港)　공항
よく　잘, 자주	そろそろ　슬슬, 이제 곧
じょうしゃ(乗車)する　승차하다	おげんきで(お元気で)　몸 건강히……
さようなら　안녕, 안녕히가세요	

12 : 1

韓国の**あちこち**を旅行してみたいと思っています。

> 저기여기가 아니라 「여기저기」로 우리 말 과는 반대로 되어있다.
>
> ㉠ 이것저것 → あれこれ　이리저리 → あちらこちら　이럭저럭 → かれこれ ……

故郷はどこですか。

> 고향의 의미이며 「こきょう」 또는 「ふるさと」로 읽는다. 「田舎(いなか)」를 사용하여 고향이라 표현할 수도 있다.

あの**高麗人参**で有名な金山です。

> 「朝鮮人参(ちょうせんにんじん)(조선인삼)」 또는 「ジンセン(Ginseng)」이라고도 말한다.

12 : 2

あさって**帰ろう**と思います。

> 5단 동사의 의지형이다. 5단 동사를 의지형으로 만들 때는 어미를 「お」단으로 바꾸고 「う」를 접속시킨다. 상하1단 동사는 「る」를 떼고 「よう」를 접속시키며, 「する」는 「しよう」가 되고 「くる」는 「こよう」가 된다.

それでは、いつまで田舎にいる**つもり**ですか。

> 「의도, 생각, ～한 셈」 등으로 해석한다.
>
> ㉠ そんな**つもり**はなかったです。 (그럴 생각은 없었습니다.)
>   死(し)んだ**つもり**で働(はたら)きました。 (죽은 셈치고 일했습니다.)

12 : 3

金山**行(ゆ)き**①のバスは1日3便**しか**②ありません。

❶ 「교통+ゆき」의 형태가 된다. 「いき」로 읽기 쉬우므로 주의하자.

❷ 「～밖에」로 해석하며, 반드시 부정인 「ない」를 수반한다. 유사어로 「だけ」와 「ばかり」가 있으나 약간 차이점이 있다.

例 今の私にはこれぐらいのものしか残されていないです。 → 부정수반
(지금의 내게는 이정도 물건밖에 없습니다)
これだけは例えどんなことがあっても譲ることは出来ません。 → 한정
(이것만은 무슨 일이 있어도 양보 할 수 없습니다)
勉強ばかりでなく適度な運動も必要です。 → 반복
(공부만이 아니라 적절한 운동도 필요합니다)

金山って本当に田舎なんですね。

　화제를 나타내는 계조사로서 「って」는 「と(다고)」, 「という(라고 하는)」, 「というのは(라고 하는 것은)」 등의 용법이 있으므로 해석할 때 주의해야 한다.

例 甘酒って何ですか。(단술이라고 하는 것은 무엇입니까)
明日来るって言っていましたよ。(내일 온다고 말했어요)
田中って人から電話がありました。(타나까라는 사람에게서 전화가 왔습니다)

私は千葉県の成田市です。

　관동지방에 속한 43현 중의 하나이다.

あ、そろそろ乗車しなければなりません。

　「당연히 해야 한다」라는 의미이고, 「なくてはなりません・なくてはいけません・なければいけません」 등의 동의어구가 있다.

例 説明書をよく読まなくてはなりません。(설명서를 잘 읽어야 합니다)
チェックをしっかりしなくてはいけません。(체크를 잘 해야 합니다)
早く起きなければいけません。(일찍 일어나지 않으면 안됩니다)

가족을 소개할 때	상대방의 가족 호칭	집에서의 호칭		가족을 소개할 때	상대방의 가족 호칭	집에서의 호칭
할아 버지	そふ 祖父	おじいさん お祖父さん	おじいさん お祖父さん	할머니	そぼ 祖母	おばあさん お祖母さん	おばあさん お祖母さん
아버지	ちち 父	おとうさん お父さん	おとうさん お父さん	어머니	はは 母	おかあさん お母さん	おかあさん お母さん
남편	しゅじん 主人 だんな 旦那	ごしゅじん ご主人 だんなさま 旦那様	おとうさん お父さん あなた	아내	かない 家内 つま 妻	おくさん 奥さん おくさま 奥様	おかあさん お母さん
아들	むすこ 息子 せがれ 伜	むすこさん 息子さん	이름을 부름	딸	むすめ 娘	むすめさん 娘さん	이름을 부름
사위	むこ 婿	おむこさん お婿さん	이름을 부름	며느리	よめ 嫁	およめさん お嫁さん	이름을 부름
형 오빠	あに 兄	おにいさん お兄さん	おにいさん お兄さん	누나 언니	あね 姉	おねえさん お姉さん	おねえさん お姉さん
남동생	おとうと 弟	おとうとさん 弟さん	이름을 부름	여동생	いもうと 妹	いもうとさん 妹さん	이름을 부름

Point문형

1 　～なければなりません/ないといけません

明日はソウルまで行か**なければなりません**。
今日は午後六時までに帰ら**なければなりません**。
この申込書に名前と住所を書か**ないといけません**。

住所(じゅうしょ)주소 

2 　～동사う(よう)と思います

夏休みには運転免許をと**ろうと思います**。
これから一生懸命勉強**しようと思います**。
今日はゆっくり映画でも見**ようと思います**。

運転免許(うんてんめんきょ)운전면허 

3 　～て　みたいです

日本に一度行っ**てみたいです**。
バクセリ選手とゴルフをし**てみたいです**。
素敵なスカートを作っ**てみたいです**ね。

一度(いちど)한 번/ 選手(せんしゅ)선수/ ゴルフ 골프/ スカート 스커트 

4 　～って

朴さんは本当にすごい**って**事が分かりました。
みんながあこがれる女性**って**、どんなひとなんだろう。
本名はさくらももこですが、「まるこ」**って**呼んでいます。

みんな 모두/ あこがれる 동경하다/ 本名(ほんみょう)본명 

5 　～かも知れません

それはそれでいい**かも知れません**。
この問題はちょっとわかりにくい**かも知れません**。
もしかしたら誰かの為に役に立つ**かも知れません**。

わかりにくい 이해하기 어렵다/ もしかしたら 어쩌면, 혹시/ 役に立つ(やくにたつ)도움이 되다 

---

1. A : 夏休みには何をしたいですか。

B : <u>あちこちを旅行して</u>みたいです。

---

❶ 中国語を習う ❷ 富士山に登る

❸ 通訳のアルバイトをする ❹ 田舎の友達の家に泊まる

❺ 有名な観光地に行く ❻ ボランティア活動をする

習う(ならう)배우다/ 富士山(ふじさん)산의 이름/ 登る(のぼる)올라가다/ 通訳(つうやく)통역/
泊まる(とまる)숙박하다/ 観光地(かんこうち)관광지/ ボランティア活動(ボランティアかつどう)봉사활동

---

2. A : <u>宿題はどうしますか。</u>

B : <u>図書館でしようと思います。</u>

---

❶ 夏休み、アルバイトをする ❷ 今度の日曜日、友達に会う

❸ 食事、家に帰ってする ❹ 健康診断、試験の後で受ける

❺ 引っ越し、引っ越しセンターに頼む ❻ レポート、インターネットで調べる

健康診断(けんこうしんだん)건강진단/ 受ける(うける)받다/ 引っ越しセンター(ひっこしセンター)이삿짐센터/
頼む(たのむ)부탁하다/ インターネット 인터넷/ 調べる(しらべる)조사하다

---

3. <u>そろそろ乗車し</u>なければなりません。

---

❶ 明日、5時に起きる ❷ 単語を100個覚える

❸ 日曜日に掃除と洗濯をする ❹ 面接のためにスーツを買う

❺ 一日に3回薬を飲む ❻ 5時までに作文を書く

洗濯(せんたく)세탁/ 面接(めんせつ)면접/ スーツ 슈트/ 薬(くすり)약/ 作文(さくぶん)작문

회화연습 2

どう思いますか。

친구는 어떤 생각을 가지고 있을까요? 물어보세요. 답힐 때는 「～と思いはす」를 시용히세요.

冬休みには、何をしようと思いますか。

お母さんの誕生日のプレゼントは、何がいいと思いますか。

マンションでペットを飼うことについて、どう思いますか。

高校生の制服について、どう思いますか。

大学の授業料は高いと思いますか。

最近の若者の就職状況について、どう思いますか。

小学生に携帯電話は必要だと思いますか。

最近の韓国社会は、男女平等だと思いますか。

韓国の軍隊制度について、どう思いますか。

韓国の英語教育について、どう思いますか。

マンション 맨션/ 制服(せいふく)교복/ 授業料(じゅぎょうりょう)수업료/
就職(しゅうしょく)취업/ 状況(じょうきょう)상황/ 平等(びょうどう)평등/ 軍隊(ぐんたい)군대/
教育(きょういく)교육/ 若者(わかもの)젊은이/ 小学生(しょうがくせい)초등학생/ 制度(せいど)제도

한자외래어

| 休 | 음독 : きゅう　　　훈독 : やすむ |
| 쉴 휴 | 총획순 : 6획　　ノ イ イ 仁 休 休 |

쓰기연습: 休

休暇(きゅうか)휴가　休校(きゅうこう)휴교　休息(きゅうそく)휴식　休養(きゅうよう)휴양　休戦(きゅうせん)휴전

| 行 | 음독 : こう/ぎょう　　　훈독 : いく、ゆく、おこなう |
| 다닐 행 | 총획순 : 6획　　ノ ク イ 仁 行 行 |

쓰기연습: 行

進行(しんこう)진행　発行(はっこう)발행　行路(こうろ)행로　行事(ぎょうじ)행사　行為(こうい)행위

| 帰 | 음독 : き　　　훈독 : かえる |
| 돌아올 귀 | 총획순 : 10획　　丨 刂 刂 刂 刂 刂 刂 帰 帰 帰 |

쓰기연습: 帰

帰省(きせい)귀성　帰属(きぞく)귀속　日帰り(ひがえり)당일치기　帰還(きかん)귀환　復帰(ふっき)복귀

| 有 | 음독 : ゆう　　　훈독 : ある |
| 있을 유 | 총획순 : 6획　　ノ ナ オ 有 有 有 |

쓰기연습: 有

有能(ゆうのう)유능　有望(ゆうぼう)유망　私有(しゆう)사유　有効(ゆうこう)유효　有益(ゆうえき)유익

| 空 | 음독 : くう　　　훈독 : そら、あく |
| 빌 공 | 총획순 : 8획　　丶 丷 宀 宀 空 空 空 空 |

쓰기연습: 空

空間(くうかん)공간　空欄(くうらん)공란　空想(くうそう)공상　空席(くうせき)공석　空襲(くうしゅう)공습

ストーブ(stove) 난로

| ストーブ | ストーブ | ストーブ | ストーブ |

ヘッド(head) 머리

| ヘッド | ヘッド | ヘッド | ヘッド |

ジュニア(junior) 연소자

| ジュニア | ジュニア | ジュニア | ジュニア |

ブーム(boom) 붐

| ブーム | ブーム | ブーム | ブーム |

パート(part) 부분

| パート | パート | パート | パート |

TEST 1: 본문을 듣고 질문에 답하시오.

❶ 金さんは夏休みに何をするつもりですか。

⇨ ____。

❷ 吉田さんは夏休みに何をするつもりですか。

⇨ ____。

❸ 金さんのふるさとはどこですか。

⇨ ____。

❹ 金さんの故郷は何で有名ですか。

⇨ ____。

❺ 吉田さんの生まれはどこですか。

⇨ ____。

❻ 吉田さんの故郷は何で有名ですか。

⇨ ____。

❼ 金さんは何に乗って田舎に帰りますか。

⇨ ____。

	て접속형	ない접속형	う(よう)형
会う			
帰る			
やめる			
来る			
待つ			
遊ぶ			
起きる			
旅行する			

TEST 3: 다음 빈 칸에 알맞은 단어를 쓰시오.

❶ 日本の＿＿＿＿＿を旅行してみたいです。(여기저기)

❷ 両親が＿＿＿＿＿田舎へ帰ります。(있는)

❸ 今度の夏休みに＿＿＿＿＿へ行きますか。(어딘가)

❹ 吉田さんは12時＿＿＿＿＿に来ました。(정각)

❺ いつまでいる＿＿＿＿＿ですか。(작정)

❻ ＿＿＿＿＿帰らなければなりません。(슬슬)

TEST 4: 다음 빈 칸에 적당한 조사를 쓰시오.

❶ 金山は高麗人参＿＿有名です。

❷ 日本に行く飛行機は一日2便＿＿＿＿ありません。

❸ あさって帰ろう＿＿思います。

❹ 日本の観光地＿＿旅行してみたいです。

TEST 5 : 다음 단어를 ひらがなで 쓰시오.

	旅行	❶		両親	❼
	田舎	❷		切符	❽
	故郷	❸		不便	❾
	冗談	❹		空港	❿
	体	❺		元気	⓫
	荷造り	❻		人参	⓬

TEST 6 : 다음 우리말의 문장을 일본어로 옮기시오.

❶ 양친을 도와주지 않으면 안 됩니다.

⇨ ____ 。

❷ 도서관에서 일본어 공부를 하려고 합니다.

⇨ ____ 。

❸ 농담은 그만 두세요.

⇨ ____ 。

❹ 테니스를 배워 보고 싶습니다.

⇨ ____ 。

❺ 그럴지도 모릅니다.

⇨ ____ 。

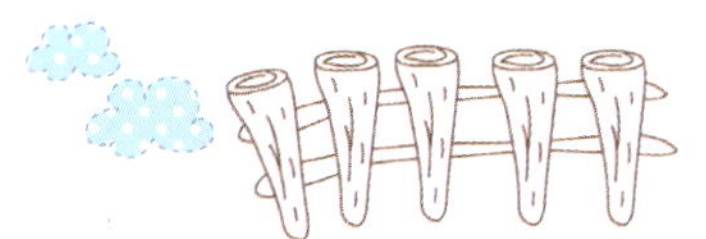

일본의 행정구역

북위 20°에서 46°, 동경 122°에서 154°에 위치한 일본의 국토면적은 38만㎢로 한반도의 1.7배이고, 남북의 총 길이는 약 3000㎞로 국토의 70%가 산지이다. 인구는 1억 2천 610만명 정도이고 本州, 北海道, 四国, 九州 능 4개의 큰 섬과 6800여 개의 작은 섬으로 이루어져 있다. 행정구역은 1都, 1道, 2府, 43県이다.

2008년 11월 1일 기준

地方	県名	県庁所在地	人口	地方	県名	県庁所在地	人口
北海道	北海道	札幌	5,676,601		滋賀	大津	1,374,857
東北	青森	青森	1,480,961		京都府	京都	2,645,451
	岩手	盛岡	1,400,697		大阪府	大阪	8,840,922
	宮城	仙台	2,369,100		兵庫	神戸	5,591,080
	秋田	秋田	1,158,308		奈良	奈良	1,429,934
	山形	山形	1,223,517		和歌山	和歌山	1,050,215
	福島	福島	2,104,391	中国	鳥取	鳥取	609,864
関東	茨城	水戸	2,992,140		島根	松江	748,836
	栃木	宇都宮	2,015,976		岡山	岡山	1,951,019
	群馬	前橋	2,034,189		広島	広島	2,879,167
	埼玉	さいたま	7,065,447		山口	山口	1,503,819
	千葉	千葉	6,049,151	四国	徳島	徳島	814,936
	東京都	東京都新宿区	12,356,623		香川	高松	1,019,702
	神奈川	横浜	8,747,356		愛媛	松山	1,523,417
中部	新潟	新潟	2,454,445		高知	高知	802,508
	富山	富山	1,116,429	九州	福岡	福岡	5,061,234
	石川	金沢	1,177,341		佐賀	佐賀	869,810
	福井	福井	825,892		長崎	長崎	1,493,611
	山梨	甲府	887,034		熊本	熊本	1,852,247
	愛知	名古屋	7,211,437		大分	大分	1,214,886
	長野	長野	2,213,427		宮崎	宮崎	1,160,883
	岐阜	岐阜	2,115,795		鹿児島	鹿児島	1,774,256
	静岡	静岡	3,803,487		沖縄	那覇	1,352,496
近畿	三重	津	1,869,802				

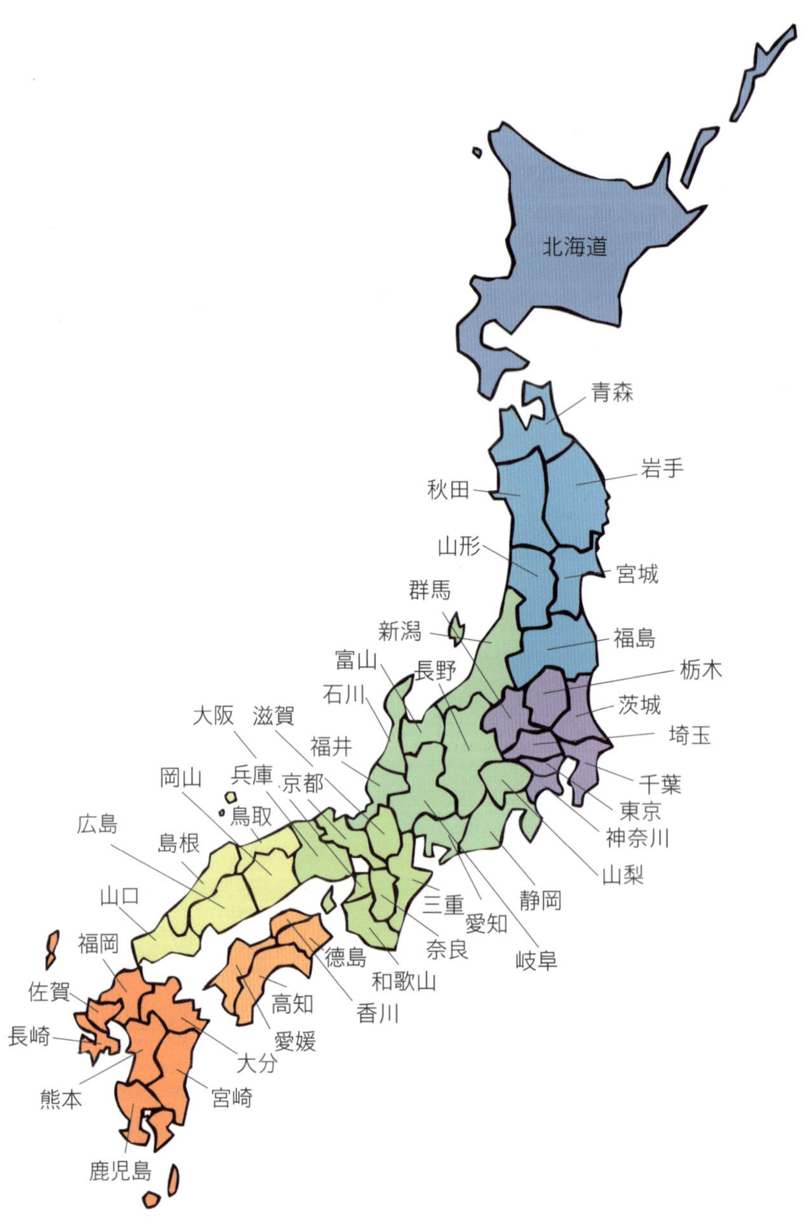

北海道
青森
岩手
秋田
山形
宮城
群馬
福島
新潟
栃木
富山
長野
茨城
石川
埼玉
大阪
滋賀
千葉
福井
東京
岡山
兵庫
京都
神奈川
広島
鳥取
山梨
島根
山口
三重
静岡
福岡
愛知
佐賀
徳島
奈良
岐阜
長崎
高知
和歌山
熊本
愛媛
香川
大分
宮崎
鹿児島
沖縄

도키메키
일본어

해답편

본문번역
포인트문형
회화연습1
회화연습2
실력체크 해답

 **본문번역**

1. 처음 뵙겠습니다

1:1
김　　：처음 뵙겠습니다.
　　　　김입니다.
요시다：처음 뵙겠습니다.
　　　　요시다입니다.
김　　：잘 부탁합니다.
요시다：저야말로 잘 부탁합니다.

1:2
김　　：요시다씨는 몇 학년입니까?
요시다：3학년입니다.
　　　　김씨는 몇 학년입니까?
김　　：저는 신입생입니다.

1:3
요시다：전공은 무엇입니까?
김　　：일본어입니다.
　　　　요시다씨의 전공은 무엇입니까?
요시다：컴퓨터입니다.

2. 일본어 책입니다.

2:1
요시다：김씨, 그것은 무슨 책입니까?
김　　：일본어 책입니다.
　　　　요시다씨, 그 책은?
요시다：이 책은 컴퓨터 책입니다.
김　　：그것은 일본어 책입니까?
요시다：아니오 영어입니다.

2:2
요시다：IT룸은 어디입니까?
김　　：IT룸은 5호관입니다.
요시다：여기는 몇 호관입니까?
김　　：6호관입니다.
요시다：그럼 앞 건물이 5호관입니까?
김　　：아니오. 그 옆 빌딩입니다.
요시다：저기 말입니까?
　　　　대단히 감사합니다.

2:3
김　　：요시다씨의 집은 어디입니까?
요시다：대학 기숙사입니다.
김　　：교내 기숙사입니까?
요시다：아니오. 시내에 있는 기숙사입니다.
김　　：그렇습니까?
　　　　지금부터 수업 입니까?
요시다：네 그렇습니다.
김　　：그럼 또 봐요.

3. 휴대폰 번호는 몇 번입니까?

3:1
요시다：이 휴대폰은 김씨 것입니까?
김　　：네 그렇습니다.
요시다：제 휴대폰은 이것입니다.

김　　：일본 제품 입니까?
요시다：아니오. 한국 제품입니다.

3:2
요시다：구두도 가방도 한국 제품입니다.
김　　：그렇습니까?
요시다：그럼 일본 제품은 어느 것입니까?
요시다：재킷과 바지는 일본 제품입니다.
김　　：셔츠는?
요시다：셔츠는 중국 제품입니다.
김　　：저의 점퍼도 중국 제품입니다.

3:3
요시다：김씨, 휴대폰 번호는 몇 번입니까?
김　　：010-2345-6789입니다.
　　　　요시다씨의 휴대폰은 몇 번입니까?
요시다：저는 010-396-4481입니다.

4. 일본어는 재미있습니다.

4:1
요시다：일본어는 쉽습니까?
김　　：아니오, 쉽지 않습니다.
　　　　매우 어렵습니다.
　　　　한국어는 어떻습니까?
요시다：한국어도 정말로 어렵습니다.
김　　：일본어는 어렵습니다만, 재미있습니다.

4:2
요시다：김씨, 모자 귀엽군요.
김　　：감사합니다.
요시다：얼마짜리 입니까?
김　　：3천5백원입니다.
요시다：싸군요.
김　　：더 싼 것도 많습니다.

4:3
요시다：이 펜은 얼마입니까?
점원　：한 자루 2천원입니다.
요시다：비싸군요.
　　　　더 싼 것은 없습니까?
점원　：이것입니다.
요시다：그것은 얼마입니까?
점원　：6백원입니다.
요시다：그것을 한 자루 주세요.
점원　：천 원으로 계산 하겠습니다.
　　　　거스름돈은 4백원입니다.
　　　　감사합니다.

5. 오늘은 무슨 요일입니까?

5:1
요시다：오늘은 무슨 요일입니까?
김　　：화요일입니다.
요시다：그럼 내일이 수요일이군요.

김	: 그렇습니다.
	무슨 일 있습니까?
요시다	: 다음 주부터 중간시험 이예요.
김	: 걱정되겠군요.

5:2
김	: 요시다씨 테스트는 몇 과목입니까?
요시다	: 6과목입니다.
김	: 저도 6과목입니다.
요시다	: 하지만 그 중 3과목이 한국어 과목이기 때문에 걱정입니다.
김	: 힘들겠군요.
	저도 일본어가 2과목입니다.
요시다	: 서로 분발합시다.

5:3
요시다	: 테스트는 언제까지입니까?
김	: 다음 주 금요일 6교시까지입니다.
요시다	: 저는 목요일 3교시까지입니다.
	테스트 후 함께 식사라도 어떠세요?
김	: 다음 주 금요일 며칠입니까?
요시다	: 4월 27일입니다.
김	: 그럼, 4월 28일 토요일에 점심을 함께(하면) 어떨까요?
요시다	: 좋습니다.

6. 한국요리를 좋아합니다.

6:1
요시다	: 김씨, 오늘은 매우 멋지군요.
김	: 요시다씨도 재킷이 매우 멋있습니다.
요시다	: 식사는 무엇이 좋겠습니까?
김	: 요시다씨는 무엇을 좋아합니까?
요시다	: 저는 한국요리를 좋아합니다.
김	: 그럼, 불고기는 어떻습니까?
요시다	: 좋아요.
	제가 아주 좋아하는 음식입니다.

6:2
김	: 불고기가 좋습니까, 갈비가 좋습니까?
요시다	: 불고기가 좋습니다.
김	: 그럼, 불고기로 합시다.
	여보세요
	불고기를 2인분 주세요.
웨이트리스	: 네, 알겠습니다.(분부대로 하겠습니다)

6:3
웨이트리스	: 손님, 주문은 결정하셨을까요?
김	: 요시다씨 비빔밥과 냉면 어느 쪽을 좋아합니까?
요시다	: 냉면도 좋아합니다만 오늘은 비빔밥으로 하겠습니다.
김	: 저는 냉면으로 하겠습니다.
	여보세요.
	비빔밥 하나와 냉면 하나 부탁합니다.
웨이트리스	: 네, 비빔밥 하나와 냉면 하나이지요?

	(잠시 기다린다)
	오래 기다리셨습니다.
요시다	: 와 맛있다.
김	: 맛있습니까?
요시다	: 역시 한국요리는 맛있군요.

7. 사진을 한 장 어떠세요?

7:1
김	: 요시다씨, 금요일에 시간 있습니까?
요시다	: 금요일은 조금 바쁩니다.
김	: 그럼, 토요일은 어떻습니까?
요시다	: 계획은 없습니다만 무슨 일이세요?
김	: 제 친구를 소개하고 싶습니다만.
요시다	: 그럼, 어디에서 만날까요?

7:2
김	: 요시다씨, 이 쪽입니다.
요시다	: 아, 오래 기다리셨습니다.
김	: 이쪽이 제 친구입니다.
요시다	: 처음 뵙겠습니다.
	요시다라고 합니다.
박	: 박정희입니다.
	잘 부탁합니다.
요시다	: 일본어를 상당히 잘 하는군요.
박	: 아니오, 아직 멀었습니다.

7:3
김	: 와, 귀여운 토끼님.
요시다	: 카메라가 있으니까 사진을 한 장 어떠세요?
김	: 그럼, 정희와 둘이서 부탁합니다.
요시다	: 하이, 치-즈.
박	: 요시다씨도 지혜와 같이 찍으세요.
	하이, 김치.

8. 지난주는 즐거웠습니다.

8:1
요시다	: 김씨, 지난번 사진입니다.
김	: 와-, 나 이상한 얼굴이네.
요시다	: 그렇지 않아요.
	귀엽습니다.
김	: 요시다씨는 멋있습니다.
요시다	: 한국에서의 최초 기념사진입니다.
김	: 그러세요.
	좋은 추억이 되겠군요.

8:2
요시다	: 지난주는 즐거웠어요.
김	: 그 토끼님 귀여웠습니다.
요시다	: 네 맞아요, 귀여웠습니다.
김	: 요시다씨는 사진 솜씨가 좋군요.
요시다	: 취미가 사진입니다.

8:3
요시다	: 김씨, 취미는 무엇입니까?
김	: 영화 감상입니다.
요시다	: 일본 영화는 어떻습니까?
김	: 어렸을 때에는 일본 에니메이션을 좋아했습

니다만, 지금은 러브스토리라든가
액션물 등을 좋아합니다.
요시다 : 그렇습니까?
저는 한국 영화 괴물이 재미있었습니다.

9. 진달래가 핍니다.

9:1 요시다 : 이것은 무슨 꽃입니까?
김　　 : 그것은 진달래입니다.
요시다 : 예쁘군요.
날씨가 좋아서 기분까지 상쾌합니다.
김　　 : 그렇군요.
9:2 요시다 : 이 예쁜 꽃이(있는) 곳에서 커피라도 마실까
요?
김　　 : 저는 커피보다 쥬스가 좋습니다.
요시다 : 저는 아이스커피를 마시겠습니다.
오늘은 조금 더우니까.
9:3 김　　 : 일본 꽃은 벚꽃이지요?
요시다 : 네, 그렇습니다.
김　　 : 한국 국화는 무궁화입니다.
요시다 : 아, 그렇습니까?
몰랐습니다.
김　　 : 벚꽃은 3월말부터 4월 초쯤 피지요?
요시다 : 무궁화는 언제 핍니까?
김　　 : 여름부터 가을에 걸쳐서 핍니다.

10. 저의 선배입니다.

10:1 요시다 : 그 쪽 분은 누구십니까?
김　　 : 저의 선배입니다.
요시다 : 그렇습니까?
요시다라고 합니다.
올해 봄 일본에서 왔습니다.
용수　 : 일본어 학과 2학년 김용수 입니다.
요시다 : 잘 부탁합니다.
역시 한국은 김씨 성이 많군요.
김　　 : 네, 그렇습니다.
10:2 용수　 : 요시다씨는 몇 살입니까?
요시다 : 21입니다.
용수　 : 그럼, 제 쪽이 많네요.
병역을 마치고 올해 복학했습니다.
요시다 : 그랬군요. 한국은 병역의무가 있었군요.
김　　 : 선배는 내년 일본으로의 유학이 결정되었습
니다.
요시다 : 교환유학생으로서 말입니까?
용수　 : 네, 그렇습니다.
김　　 : 부럽다. 저도 일본에 가고 싶습니다.
10:3 용수　 : 이번에 시간이 있을 때 한 잔 마시지 않겠습
니까?

요시다 : 좋아요.
용수　 : 일본에 관해 여러 가지 묻고 싶으니까 가르쳐
주세요.
요시다 : 네, 기꺼이.
김　　 : 저도 끼워 주세요.
용수　 : 셋이서 맛있는 술이라도 마십시다.
요시다 : 기대되네요.

11. IT 자격을 가지고 있습니까?

11:1 요시다 : 그런데, 김씨.
일본어를 공부하는 목적은 무엇입니까?
김　　 : 장래 일본어 교사가 되고 싶기 때문입니다.
요시다 : 일본어 선생님이 되는 것이군요.
김　　 : 그러기 위해서 열심히 노력할 생각입니다.
요시다 : 그래서 김씨는 매일 도서관에서 공부를 하고
있는 거군요.
김　　 : 요시다씨는 졸업 후 진로는 결정했습니까?
요시다 : 저는 일본 IT 회사에 취직하고 싶다고 생각
하고 있습니다.
11:2 김　　 : 일본 IT 기업 취직 사정은 어떻습니까?
요시다 : 나쁘지는 않습니다.
김　　 : 자격증 등도 필요하겠네요.
요시다 : 물론입니다.
김　　 : 요시다씨는 IT 자격을 가지고 있습니까?
요시다 : 몇 개인가 가지고 있습니다만 좀 더 취득하
고 싶습니다.
김　　 : 열심히 하세요.
11:3 요시다 : 한국에 온지 벌써 반년이 지났군요.
김　　 : 저도 입학해서 눈 깜짝할 사이에 1학기가 지
나버린 느낌이 듭니다.
요시다 : 정말 빠르군요.
김　　 : 한 학기동안 공부를 했지만 좀처럼 일본어가
늘지 않네요.
요시다 : 괜찮습니다.
이제부터예요.
김　　 : 어떻게든 교환 유학생 시험에도 합격하고 싶
습니다.
요시다 : 김씨는 노력하는 사람이니 걱정할 필요 없습
니다.

12. 고향은 어디입니까?

12:1 김　　 : 이번 여름 방학에는 어딘가에 갑니까?
요시다 : 글쎄요.
한국의 여기저기를 여행해 보고 싶다고 생각
하고 있습니다.
김씨는 어떻게 지낼 겁니까?
김　　 : 저는 부모님이 있는 시골로 돌아갑니다.

요시다 : 고향은 어디입니까?

김　　 : 고려인삼으로 유명한 금산입니다.

요시다 : 네, 그래서 김씨는 몸이 튼튼하군요.

김　　 : 농담은 그만해 주세요.

12:2 김 : 내일부터 짐 싸기를 시작하지 않으면 안 됩
니다.

요시다 : 언제 돌아갑니까?

김　　 : 모레 돌아가려고 생각합니다.

요시다 : 그럼, 언제까지 시골에 있을 계획입니까?

김　　 : 다음 학기가 시작될 때까지 있을 계획입니다.
부모님이 하고 있는 농사를 도와드리지 않으
면 안 됩니다.

12:3 요시다 : 몇 시 표입니까?

김　　 : 정각 10시 출발입니다.
금산행 버스는 하루 3편밖에 없습니다.

요시다 : 참 불편 하겠네요.
금산은 정말로 시골이군요.

김　　 : 그럴지도 모릅니다.
그런데, 요시다씨 출생지는 어디입니까?

요시다 : 저는 치바현 나리타시입니다.

김　　 : 나리타공항이 있는 곳입니까?

요시다 : 그렇습니다. 잘 아시는군요.

김　　 : 아, 이제 곧 승차하지 않으면 안됩니다.
요시다씨, 건강하세요.

요시다 : 조심하세요. 안녕히 가세요.

1과

1. -은 -입니다.

저는 김입니다.

왕씨는 중국인입니다.

야마다씨는 학생입니다.

2. -은(직업)입니까?

유씨는 의사입니까?

당신은 회사원입니까?

박씨는 대학생입니까?

3. -의(소유/동격)입니다.

저의 노트입니다.

코야마씨의 연필입니다.

유학생인 요시다씨입니다.

4. -은 -의(소속)입니까?

요시다씨는 삼성 사원입니까?

당신은 한국대학 학생입니까?

김씨는 한국대학 선생입니까?

2과

1. (이것/그것/저것)은 (사물)입니다.

이것은 책상입니다.

그것은 의자입니다.

저것은 지우개입니다.

2. (여기/거기/저기)는 (장소)입니다.

여기는 도서관입니다.

거기는 우체국입니다.

저기는 편의점입니다.

3. -이 아닙니다. -가 아닙니다.

저는 학생이 아닙니다.

왕씨는 한국인이 아닙니다.

김씨는 의사가 아닙니다.

4. 예, 그렇습니다./ 아니오, 그렇지 않습니다.

이것은 신문입니까?

예 그렇습니다./ 예, 신문입니다.

그것은 그렇지 않습니다.. 노트입니다./ 아니오, 책이 아
닙니다.

3과

1. (이/그/저)+(명사)는 -입니다.

이 연필은 김씨 것입니다.

저 가방은 요시다씨 것입니다.

그 볼펜은 박씨 것입니다.

2. -은(의문사)입니까?

이것은 무엇입니까?

저 사람은 누구입니까?

도서관은 어디입니까?

3. -도 -도 -입니다.

문씨도 박씨도 한국인입니다.

이것도 그것도 일본어 잡지입니다.

연필도 샤프펜슬도 일본제품입니다.

4. -와 -은 -입니다.

형과 누이는 회사원입니다.

토마토와 오이는 야채입니다.

김씨와 요시다씨는 학생입니다.

4과

1. -은(형용사)입니다.

이 구두는 큽니다.

사토씨는 키가 큽니다.

일본어는 매우 재미있습니다.

2. (형용사) -지 않습니다.

낫토는 맛있지 않습니다.

이 카메라는 비싸지 않습니다.

그 구두는 크지 않습니다.

3. -(사물) 있습니다/ (사람/동물) 있습니다.

여기에 카메라가 있습니다.

책상 위에 책이 있습니다.

차 안에 남자가 있습니다.

4. -(형용사+명사)입니다.

넓은 방입니다.

귀여운 모자입니다.

맛있는 케이크입니다.

5. -(사물)을 주세요.

이 검정 장갑을 주세요.

그 파란 노트를 주세요.

저 빨간 손수건을 주세요.

5과

1. -은(월/일/요일)-입니다.

오늘은 4월 20일 금요일입니다.

김씨 생일은 10월 4일 월요일입니다.

올해 여름방학은 7월 10일 수요일부터입니다.

2. -부터 -까지

점심시간은 12시부터 한시까지입니다.
오늘 수업은 1시부터 5시까지입니다.
우체국은 오전 9시부터 오후 5시까지입니다.

3. -의(시간, 때)에-어떻습니까?
오늘 오후 3시에 어떻습니까?
내일 오후 2시에 어떻습니까?
4월 하순경 일요일에 어떻습니까?

4. -(형용동사/명사)이므로 -입니다.
가격도 적당하므로 추천합니다.
내일부터 시험이므로 걱정입니다.
아직 초등학생이기에 영어는 무리입니다.

5. -라도 어떻습니까?
함께 와인이라도 어떻습니까?
오늘 밤 함께 영화라도 어떻습니까?
생일 축하로 식사라도 어떻습니까?

6과

1. -을(좋아한다/싫어한다/잘한다/못한다)ㅂ니다
저는 회를 싫어합니다.
저는 초밥을 매우 좋아합니다.
김씨는 테니스를 잘 합니다.

2. -은 -로 하겠습니다.
저는 커피로 하겠습니다.
음료는 무엇으로 하겠습니까?
디저트는 무엇으로 하겠습니까?

3. -(형용동사+명사)입니다.
그녀는 예쁜 사람입니다.
여기는 조용한 곳입니다.
한국대학은 유명한 대학입니다.

4. -와 -와 어느 쪽
커피와 차 어느 쪽으로 하겠습니까?
한국과 일본 어느 쪽이 큽니까?
낫토와 청국장 어느 쪽이 맛있습니까?

7과

1. -(동사) -ㅂ니다.
밥을 먹습니다.
편지를 씁니다.
회사에 다닙니다.

2. -(동사)-지 않습니다./ -지 않았습니다.
저는 육류는 먹지 않습니다.
저는 그다지 영화는 보지 않습니다.
이번 달은 그다지 책을 읽지 않았습니다.

3. -(동사의 ます형) -고 싶다
친구와 풀장에서 수영하고 싶습니다.

일요일에는 계룡산에 오르고 싶습니다.
오늘 저녁밥은 김치찌개가 먹고 싶습니다.

4. -로(수단/한정)
시내에서 박씨를 만났습니다.
혼자서 이삿짐 나르기를 했습니다.
어제는 친구와 둘이서 강에서 낚시를 했습니다.

5. -이므로(이유/원인)
오늘은 휴일이므로 은행은 쉽니다.
저도 먹으니까 한 개 더 부탁합니다.
이 문제는 어려우니까 선생님에게 물어 봅시다.

8과

1. -였다/ -지 않았습니다.
어젯밤은 매우 추웠습니다.
낫토는 그다지 맛있지 않았습니다.
어제 파티는 그다지 재밌지 않았습니다.

2. -었습니다/ 지 않았었습니다.
저 가게 점원은 친절했습니다.
이 거리는 옛날에는 번화했습니다.
회는 전에는 그다지 좋아하지 않았습니다.

3. -(명사/ 형용동사/ 형용사)-게 됩니다.
이제 곧 가을이 됩니다.
살결이 윤기나고 예뻐집니다.
앞으로 좀 외로워지겠군요.

4. -에서(장소) -ㅂ니다/ 했습니다.
공원에서 아이들과 놀았습니다.
체육관에서 친구와 테니스를 쳤습니다.
어제는 도서관에서 하루종일 공부 했습니다.

5. -이나(든지) -이나
저는 쵸코렛이나 케익 등 단것을 좋아합니다.
일본에서의 선물은 차나 일본전통과자등이 좋겠지요.
여유만 있으면 일본 영화나 드라마 등을 보거나 합니다.

9과

1. -(형용사)이고 -입니다
이 사과는 달고 맛있습니다.
그녀는 키가 크고 스타일이 좋은 여성입니다.
일본인과 이야기하는 것이 즐겁고 재미있습니다.

2. -(동사) -ㅂ시다.
내일은 벚꽃 구경하러 갑시다.
부엌은 깨끗이 청소합시다.
일요일정도는 푹 쉽시다.

3. -겠지요.
반드시 내일은 비가 내리겠지요.
그는 연말이어서 바쁘겠군요.

역시 일본인에게는 벚꽃이지요.

4. -은 -보다 -입니다.

서울은 부산 보다 큽니다.

KTX는 새마을호 보다 빠릅니다.

일본 여름은 한국 여름보다 덥습니다.

5. -부터 -에 걸쳐

수요일부터 금요일에 걸쳐서 휴가를 잡을 계획입니다.

그제부터 오늘에 걸쳐서 기말시험이었습니다.

8월 하순부터 9월 상순에 걸쳐서 쉬는 날이 많았습니다.

10과

1. -(동사의 음편) -써다. 써던/ -고 -서/ -거나

어제저녁에는 10시에 돌아와서 샤워를 했습니다.

일본 만화를 읽은 적이 있습니까?

일요일에는 책을 읽거나 텔레비전을 보거나 합니다.

2. -지 않겠습니까?

가끔은 영화라도 보지 않겠습니까?

느긋하게 책이라도 읽지 않겠습니까?

따뜻한 햇살을 쐬면서 커피라도 마시지 않겠습니까?

3. -에 관하여

서클 활동에 관하여 상담중입니다.

영화 다운로드에 관해서 가르쳐 주세요.

컴퓨터에 관해서는 잘 모릅니다.

4. -(동사) 해 주세요.

저만을 봐 주세요.

앞으로도 분발해 주세요.

숙제는 이 쪽에 제출 해 주세요.

5. -라도 -ㅂ시다.

오늘 저녁은 함께 불고기라도 먹읍시다.

점심시간이니 함께 식사라도 합시다.

조용한 곳에서 술이라도 마시면서 천천히 이야기합시다.

11과

1. -(동사)계획입니다.

올 여름은 바다에 갈 계획입니다.

기분이 내킬 때 들릴 생각입니다.

내 나름대로 최선을 다 했다고 생각합니다.

2. -(동사) -고 있습니다.

김씨는 지금 세수를 하고 있습니다.

어머니는 청소를 하고 있습니다.

욘사마가 풀에서 수영하고 있습니다.

3. -(동사) 져 있습니다/ 해 두었습니다.

문씨는 빨간 구두를 신고 있습니다.

선생님 방에 불이 켜져 있습니다.

저는 대전 문화동에 살고 있습니다.

4. -(동사) -해 버립니다.

버스가 늦어지면 화가 나버립니다.

어제 저녁에는 친구 생일이어서 과음해 버렸습니다.

어제는 버스가 시간이 맞지 않아서 강의에 늦어 버렸습니다.

5. -여도 -상당히/ 좀처럼(긍정/ 부정)

교과서를 읽어도 좀처럼 머리에 들어오지 않습니다.

제가 봐도 강씨는 상당히 멋있는 남자입니다.

이번 감기는 약을 먹어도 좀처럼 낫지 않습니다.

12과

1. -이지 않으면 안 됩니다.

내일은 서울까지 가지 않으면 안 됩니다.

오늘은 오후 여섯시까지 돌아가지 않으면 안 됩니다.

이 신청서에 이름과 주소를 쓰지 않으면 안 됩니다.

2. -(동사)려고 생각합니다.

여름방학에는 운전면허를 따려고 생각합니다.

이제부터 열심히 공부하려고 생각합니다.

오늘은 느긋하게 빌려 온 영화라도 보려고 생각합니다.

3. -밖에 -없다.

일본에는 한 번 밖에 간 적이 없습니다.

최근에는 당일치기로 밖에 본가에 다녀올 수 밖에 없습니다.

여름방학이 끝난 지 한 달 밖에 안됐습니다.

4. -이라고 하는

박씨는 정말로 대단하다는 것을 알았습니다.

모두가 동경하는 여성이란 어떤 사람일까요?

본명은 사쿠라모모코인데 마루코 라고 부르고 있습니다.

5. -ㄹ지도 모릅니다.

그것은 그래서 좋을지도 모릅니다.

이 문제는 좀 이해하기 어려울지도 모릅니다.

혹시 누군가를 위해 도움이 될지도 모릅니다.

1과

1. 저는 김입니다.
2. 저의 노트입니다.
3. A : 이씨는 학생입니까?
   B₁ : 예, 학생입니다.
   B₂ : 아니오, 학생이 아닙니다. 회사원입니다.

2과

1. A : 그것은 무엇입니까?
   B : 라디오입니다.
2. A : 그것은 무슨 책입니까?
   B : 일본어 책입니다.
3. A : IT룸은 어디입니까?
   B : 5호관입니다.

3과

1. A : 이 휴대전화는 누구 것입니까?
   B : 김씨 것입니다.
2. A : 셔츠는 중국제품입니다.
   B : 저의 점퍼도 중국 제품입니다.
3. A : 휴대번호는 몇 번입니까?
   B : 010-2345-6789입니다.

4과

1. A : 일본어는 쉽습니까?
   B₁ : 예, 쉽습니다.
   B₂ : 아니오, 쉽지 않습니다. 어렵습니다.
2. 교실에 다나카씨가 있습니다.
3. A : 테이블 위에 무엇이 있습니까?
   B : 사과가 있습니다.

5과

1. 한국어 과목이기 때문에 걱정입니다.
2. A : 시험은 언제까지 입니까?
   B : 다음 주 금요일 6교시까지입니다.
3. A : 함께 식사라도 어떻습니까?
   B : 좋아요.

6과

1. A : 다나카씨는 무엇을 좋아합니까?
   B : 저는 한국요리를 좋아합니다.
2. A : 식사는 무엇으로 하겠습니까?
   B : 비빔밥으로 하겠습니다.
3. A : 비빔밥과 냉면 어느 쪽을 좋아합니까?
   B : 비빔밥 쪽을 좋아합니다.

7과

1. A : 다나카씨는 소설을 자주 읽습니까?
   B₁ : 예 자주 읽습니다.
   B₂ : 아니오, 자주 읽지 않습니다.
2. A : 어디에서 만났었습니까?
   B : 대학에서 만났었습니다.
3. A : 어떤 요리가 먹고 싶습니까?
   B : 저는 한국요리가 먹고 싶습니다.

8과

1. A : 여행은 어땠습니까?
   B : 즐거웠습니다.
2. A : 어제 저녁 파티는 어땠습니까?
   B : 매우 번잡했습니다.
3. A : 일본어가 능숙해졌습니다.

9과

1. A : 다나카씨는 어떤 사람입니까?
   B : 친절하고 멋진 사람입니다.
2. A : 커피라도 마실까요?
   B : 좋아요.
3. A : 일본 꽃은 벚꽃이지요?
   B : 예

10과

1. 병역을 마치고 올해 복학했습니다.
2. A : 한 잔 마시지 않겠습니까?
   B : 좋아요.
3. 여러 가지 가르쳐 주세요.

11과

1. A : 김씨는 무엇을 하고 있습니까?
   B : 공부하고 있습니다.
2. 창문이 열려 있습니다.
3. A : 이제부터 어떻게 합니까?
   B : 자격증을 따기 위해 열심히 공부 할 생각입니다.

1. A : 여름방학에는 무엇을 하고 싶습니까?

   B : 여기저기를 여행해 보고 싶습니다.

2. A : 숙제는 어떻게 합니까?

   B : 도서관에서 하려고 생각합니다.

3. 이제 곧 승차하지 않으면 안 됩니다.

1과 인사를 해 봅시다.

1. A : 처음 뵙겠습니다. 요시다입니다.

B : 처음 뵙겠습니다. 김지혜입니다.

A : 김씨는 몇 학년입니까?

B : 1학년입니다.

요시다씨는 몇 학년입니까?

A : 3학년입니다.

김씨 전공은 무엇입니까?

B : 일본어입니다.

요시다 씨의 전공은 무엇입니까?

A : 컴퓨터입니다.

2과 어디입니까?

4호관은 어디입니까?

도서관은 어디입니까?

연못은 어디입니까?

은행은 어디입니까?

우체국은 어디입니까?

3과 휴대전화 번호를 물어 봅시다.

A : 실례합니다. _________씨의 전화번호는 몇 번입니까?

B : _______________입니다.

A : ___________________이군요.

감사합니다.

4과 쇼핑을 해 봅시다.

손님　　　 : 이 볼펜은 얼마입니까?

가게점원 : 700원입니다.

손님　　　 : 그 흰색 필통은 얼마입니까?

가게점원 : 3,500원입니다.

손님　　　 : 저 큰 가방은 얼마입니까?

가게점원 : 27,800원입니다.

손님　　　 : 그럼, 필통과 볼펜을 주세요.

가게점원 : 네, 전부해서 4200원입니다.

감사합니다.

5과 다음 주 스케줄을 이야기 해 봅시다.

월요일은 9시 30분부터 3시까지 수업이 있습니다.

화요일은 11시부터 4시까지 수업이 있습니다.

수요일은 수업이 없습니다.

오후, 고교시절 친구들과 약속이 있습니다.

수요일부터 중간시험이 있습니다.

주말은 9시부터 5시까지 아르바이트가 있습니다.

6과 어떤 음악을 좋아합니까?

A : 어떤 음악을 좋아합니까?

B : 클래식을 좋아합니다.

7과 일과를 써서 발표해 봅시다.

나의 일과

나는 매일 아침 7시에 일어납니다.

그리고 얼굴을 씻습니다.

7시반경에 밥을 먹습니다.

8시10분에 버스로 대학에 갑니다.

수업은 9시 30분부터 3시까지입니다.

수업 후 도서관에서 친구와 공부 합니다

6시반경에 집에 돌아갑니다.

7시 반경 저녁밥을 먹습니다.

그리고 조금 텔레비전을 봅니다.

한시간정도 게임을 합니다.

12시에 잡니다.

8과 어렸을 적 일을 물어 봅시다.

어릴 적 어떤 텔레비전 에니메이션을 좋아했습니까?

달리기는 빨랐습니까?

노래는 잘 했습니까?

자주 울었습니까?

밖에서 자주 놀았습니까?

아버지는 무서웠습니까?

집은 학교에서 가까웠습니까?

인삼을 싫어했습니까?

심부름을 자주 했습니까?

어머니 말을 잘 들었습니까?

9과 권해 봅시다.

A : _________씨 내일 함께 축구를 하지 않겠습니까?

B : 축구 말입니까? 축구는 좀...

A : 축구는 싫어합니까?

B : 아니요, 싫어하지는 않습니다만 잘 못하기 때문에...

A : 괜찮아요. 게다가 스포츠는 몸에 좋아요.

B : 그것은 그렇습니다만...

A : 실은 팀 멤버가 한사람 부족합니다.

B : 그렇습니까? 그럼, 가겠습니다.

A : 아, 다행이다. 그럼 내일 1시에 운동장에서 기다리고
    있겠습니다.

10과

카토 : 여보세요, 김씨 안녕하세요.
김　 : 아, 카토씨 오래간만입니다. 잘 지내십니까?
카토 : 예, 덕분에.
       저, 김씨 저 다음 달 한국에 갑니다.
김　 : 예, 여행입니까?
카토 : 아니오, 연수입니다만, 1일 자유시간이 있습니다.
김　 : 그럼, 꼭 만납시다.
카토 : 네, 저도 만나고 싶습니다.
김　 : 제가 서울을 안내하겠습니다. 어디에 가고 싶습니
       까?
카토 : 글쎄요. 인사동에 가고 싶습니다.
김　 : 그렇습니까? 무엇이 먹고 싶습니까?
카토: 응, 떡볶이와 순대가 먹고 싶습니다.
김　 : 알겠습니다. 아, 그리고 난타를 보고 싶지 않습니
       까?
카토 : 예 꼭 보고 싶습니다.
김　 : 그럼, 함께 갈까요?
       다음 달이 기대되는군요.
카토 : 예, 정말로 기대됩니다.
       그럼, 다시 연락하겠습니다.

11과 (-하고 있습니다, -져 있습니다)를 이용해서 대답합시다.

교실 창은 열려 있습니까?
전기는 켜져 있습니까?
MP3를 가지고 있습니까?
어디에 살고 있습니까?
집에서 애완동물을 키우고 있습니까?
매일 운동을 하고 있습니까?
당신은 누구를 닮았습니까?
일본 수상은 누군지 알고 있습니까?
고교시절 선생님 이름을 기억하고 있습니까?
가방 안에 무엇이 들어 있습니까?
선생님은 지금 무엇을 하고 있습니까?
당신은 지금 무엇을 하고 있습니까?

12과

어떻게 생각합니까?
겨울방학에는 무엇을 하려고 생각합니까?
어머니 생일 선물은 무엇이 좋다고 생각합니까?
맨션에서 애완동물을 키우는 것에 관해서 어떻게 생각
합니까?
고교생 제복에 관해 어떻게 생각합니까?
대학 수업료는 비싸다고 생각합니까?
최근 젊은이 취업상황에 관해 어떻게 생각합니까?
초등학생에게 휴대폰은 필요하다고 생각합니까?
최근 한국 사회는 남녀 평등하다고 생각합니까?
한국 군대제도에 관해 어떻게 생각합니까?
한국 영어 교육에 관해 어떻게 생각합니까?

1과

1. 1) 金さんは1年生です。
2) 吉田さんは3年生です。
3) 吉田さんの専攻はコンピュータです。
4) 金さんの専攻は日本語です。
2. 1) はじめまして。
2) どうぞ　よろしく。
3. 1) コンピュータ　　　2) にほんごのほん
3) わたし　　　　　　4) だいがく

2과

1. 1) 金さんの本は日本語の本です。
2) ITルームは5号館です。
3) ここは6号館です。
4) 5号館です。
5) いいえ、市内の寮です。
2. 1) ほん、本　　　　　2) えいご、英語
3) まえ、前　　　　　4) となり、隣
5) たてもの、建物　　6) ここ
7) あそこ　　　　　　8) じゅぎょう、授業
9) だいがく、大学　　10) その
3. 1) の、は　　　　　　2) の
4. 1) 先生ではありません。
2) 2年生ではありません。
3) 英語の本ではありません。
4) これではありません。
5) ここではありません。
6) そうではありません。
7) あの建物ではありません。

3과

1. 1) はい、そうです。
2) いいえ、韓国製です。
3) いいえ、日本製です。
4) いいえ、中国製です。
5) 中国のものです。
6) 010－2345－6789番です。
7) 010－396－4481です。
2. 1) けいたいでんわ　　　2) かばん
3) くつ　　　　　　　　4) ノート
5) せんせい
3. 1) ぜろいちいちの　なななななはちの　にきゅうはちに

2) ぜろにの　ごななよんの　ぜろいちさんご
3) ぜろろくにの　きゅうごよんの　ごろくろくさん
4) いちいちきゅう

4과

1. 1) いいえ、難しいです。
2) はい、おもしろいです。
3) はい、かわいいです。
4) いいえ、高くありません。
5) 3千5百ウォンです。
6) 1本2千ウォンです。
7) 1本6百ウォンです。
8) 4百ウォンです。
2. 1) 日本語はやさしくありません。
2) あの建物は新しくありません。
3) この店のケーキはおいしくありません。
4) 先生の研究室は広くありません。
5) 安い物ではありません。
3. 1) おもしろい　　　　　2) どう
3) やすい、おもしろい　4) やすい、
5) いくら　　　　　　　6) ひとつ
7) とても　　　　　　　8) すこし
9) を　　　　　　　　　10) に、あります。

5과

1. 1) いいえ、来週からです。
2) 水曜日です。
3) 6科目です。
4) 3科目です。
5) 2科目です。
6) 来週の金曜日の6時限目までです。
7) 4月の27日です。
2. 1) 何曜日　　　　　　2) 水曜日
3) 何科目　　　　　　4) 8科目
5) 来週、6時限目　　6) 何日
7) 心配です。　　　　8) 大変です。
3. 1) しがつ　ようか
2) しちがつ　なのか
3) はちがつ　じゅうよっか
4) くがつ　にじゅうよっか
5) じゅうがつ　はつか

6) さんがつ　ついたち

4. 1) から　　　　　　　2) まで
3) でも　　　　　　　4) なので

6과

1. 1) はい、そうです。　　2) ブルゴギです。
3) はい、好きです。　　4) はい、そうです。

2. 1) いいですか。　　　2) 好きですか。
3) どうですか。　　　4) しましょう。
5) お願いします。

3. 1) 好きではありません。
2) 親切ではありません。
3) 金さんの部屋はきれいではありません。
4) カルビはうまくありません。
5) 佐藤さんはまじめではありません。
6) 大変ではありません。
7) 心配ではありません。

4. 1) しょくじ　　　　2) ちゅうもん
3) かんこくりょうり

7과

1. 1) いいえ、少し忙しいです。
2) はい、そうです。
3) いいえ、金さんの友達です。
4) 金さんと一緒に撮りました。
5) 金さんと一緒に撮りました。

2. 1) を　　　　　　　　2) が
3) と、で

3. 1) どうですか。　　　2) はじめまして。
3) まだまだです。

4. 1) たべます　　　　　2) べんきょうします
3) みます　　　　　　4) はなします
5) ききます

5. 1) よてい　　　　　　5) さいしょ
2) しょうかい　　　　6) しゅみ
3) しゃしん　　　　　7) うち、いえ
4) かお　　　　　　　8) しょくどう

6. 1) 会いたいです。
2) 飲みたいです。
3) 話したいです。
4) 勉強したいです。
5) 帰りたいです。

8과

1. 1) 写真です。

2) 映画鑑賞です。
3) 日本のアニメが好きでした。
4) ラブストーリやアクションものなどがすきです。
5) 韓国映画のグェムルがおもしろかったです。

2. 1) に　　　　　　　　2) が
3) や　　　　　　　　4) で

3. 1) この間　　　　　　2) かわいいです。
3) 思いで　　　　　　4) 腕
5) 変な

4. 1) 忙しかった　　　　2) おもしろかった
3) かわいかった　　　4) すきでした

5. 1) 金さんはハンサムですね。
2) 先週は楽しかったです。
3) 金さんの趣味は映画鑑賞です。
4) いい思い出になりますね。

9과

1. 1) いいです。
2) ジュースが好きです。
3) アイスコーヒーを飲みます。
4) いいえ、少し暑いです。
5) さくらです。
6) 3月末から4月初め頃咲きます。
7) 春から秋にかけて咲きます。

2. 1) コーヒーを飲みません。
2) 花がきれいではありません。
3) いい天気ではありません。
4) 今日はあつくありません。
5) 明日、来ません。

3. 1) よくて　　　　　　2) より
3) いつ　　　　　　　4) かけて
5) 暑いですから　　　6) 飲みます
7) さくらでしょう

4. 1) おいしいでしょう　2) くるでしょう
3) しずかでしょう　　4) きれいでしょう
5) 雨でしょう

5. 1) コーヒーでも飲みましょうか。
2) 知りませんでした。
3) 3月末からです。

10과

1. 1) 2年生です。
2) 日本語学科です。
3) 21才です。
4) 金ヨンスさんが年上です。

도키메키 일본어

5) 今年の春、韓国へ来ました。

6) 来年、日本へ留学します。

2.

형태	현재	
	긍정	부정
보통	聞く	聞かない
정중	聞きます	聞きません
보통	飲む	飲まない
정중	飲みます	飲みません
보통	決まる	決まらない
정중	決まります	決まりません
보통	入れる	いれない
정중	入れます	入れません
보통	来る	こない
정중	きます	きません
보통	見る	見ない
정중	見ます	見ません
보통	行く	行かない
정중	行きます	行きません

형태	과거		て접속형
	긍정	부정	
보통	聞いた	聞かなかった	聞いて
정중	聞きました	聞きませんでした	
보통	飲んだ	飲まなかった	飲んで
정중	飲みました	飲みませんでした	
보통	決まった	決まらなかった	決って
정중	決まりました	決まりませんでした	
보통	いれた	いれなかった	入れて
정중	入れました	入れませんでした	
보통	きた	こなかった	きて
정중	きました	きませんでした	
보통	見た	見なかった	見て
정중	見ました	見ませんでした	
보통	行った	行かなかった	行って
정중	行きました	行きませんでした	

3. 1) 方　　2) として
3) 方が　　4) 義務

4. 1) で　　2) に
3) でも　　4) から
5) へ

5. 1) 赤いセーターが(を)買いたいです。
2) いろいろ教えてください
3) 一杯、飲みませんか。

11과

1. 1) 金さんは日本語の教師になりたいと思っています。
2) 日本のITの会社に就職したいと思っています。
3) 図書館で勉強しています。
4) はい、いくつか持っています。
5) 悪くはありませんが、良いとも言えません。

6) 交換留学生の試験に合格したいと思っています。

2. 1) なりたい　　2) もっと
3) なかなか　　4) もう
5) ために　　6) あっという間に
7) 取り

3. 1) いっしょうけんめい　　2) はんとし
3) しんろ　　4) しゅうしょく

4. 1) に　　2) は
3) に　　4) を、は
5) か　　6) から

5. 1) 吉田さんはコーヒーを飲んでいます。
2) 入学してもう半年過ぎました。
3) 交通が便利ではありません。
4) 将来、英語の教師になりたいからです。
5) 来月、資格を取るつもりです。
6) 机の下に鉛筆が落ちています。
7) 弟は去年より大きくなりました。
8) 毎日運動をしています。

12과

1. 1) 両親がいる田舎へ帰るつもりです。
2) 韓国のあちこちを旅行するつもりです。
3) 金山(クムサン)です。
4) 高麗人参で有名です。
5) 千葉県の成田市です。
6) 成田空港で有名です。
7) バスに乗って帰ります。

2.

	て접속형	ない접속형	う(よう)형
会う	会って	会わない	会おう
帰る	帰って	帰らない	帰ろう
やめる	やめて	やめない	やめよう
来る	きて	こない	こよう
待つ	待って	待たない	待とう
遊ぶ	遊んで	遊ばない	遊ぼう
起きる	起きて	起きない	起きよう
旅行する	旅行して	旅行しない	勉強しよう

3. 1) あちこち　　2) いる
3) どこか　　4) ちょうど
5) つもり　　6) そろそろ

4. 1) で　　2) しか
3) と　　4) を

5. 1) りょこう　　7) りょうしん
2) いなか　　8) きっぷ
3) ふるさと、こきょう　　9) ふべん
4) じょうだん　　10) くうこう

231

5) からだ　　　　　　11) げんき
6) にづくり　　　　　　12) にんじん

6. 1) 両親を手伝わなければなりません。
2) 図書館で日本語の勉強をしようと思っています。
3) 冗談はやめてください。
4) テニスを習ってみたいです。
5) そうかも知れません。

저자약력   박순애   ・와세다(早稲田)대학 정치경제학부 졸업
(朴順愛)   ・히토츠바시(一橋)대학 사회학박사
  ・호남대학교 일본어학과 교수

상선봉   ・일본 호우세이(法政)대학 문하부 일본문학과 졸업
(姜善奉)   ・일본 센슈(專修)대학 문학박사
  ・호남대학교 강사

김한숙   ・덕성여자대학교 일어일문학과 졸업
(金漢淑)   ・일본 츠꾸바(筑波)대학 국제학석사
  ・호남대학교 강사

문미경   ・전남대학교 일본문학과 졸업
(文美京)   ・조선대학교 교육학석사
  ・서강정보대 강사, 광주여대 강사, 호남대학교 강사

가다레이꼬   ・일본 릿교(立教)대학 문학부 일본문학과 졸업
(加田玲子)   ・전남대학교 일어일문학과 박사수료
  ・호남대학교 일본어과 전임강사

도키메키 일본어

초판인쇄   2009년 2월 26일
초판발행   2009년 3월 4일

공저   박순애・강선봉・김한숙・문미경・가다레이꼬
발행   제이앤씨
등록번호   제7-220

주소   서울시 도봉구 창동 624-1 현대홈시티 102-1206
전화   (02) 992 / 3253
팩스   (02) 991 / 1285
홈페이지   http://www.jncbook.co.kr / 제이앤씨북
전자우편   jncbook@hanmail.net
책임편집   조성희

ISBN   978-89-5668-689-0   03730   **정가**   14,000원(CD포함)